"七阶研习法"：

园本研修之路的细思笃行

何舍予◎著

中国言实出版社

图书在版编目（CIP）数据

"七阶研习法"：园本研修之路的细思笃行 / 何舍予
著 . -- 北京：中国言实出版社，2024. 12. -- ISBN
978-7-5171-4985-9

Ⅰ . G61

中国国家版本馆 CIP 数据核字第 2024F6M306 号

"七阶研习法"：园本研修之路的细思笃行

责任编辑：宫媛媛
责任校对：张国旗

出版发行：中国言实出版社
　　　　地　　址：北京市朝阳区北苑路180号加利大厦5号楼105室
　　　　邮　　编：100101
　　　　编辑部：北京市海淀区花园北路35号院9号楼302室
　　　　邮　　编：100083
　　　　电　　话：010-64924853（总编室）　　010-64924716（发行部）
　　　　网　　址：www.zgyscbs.cn　　电子邮箱：zgyscbs@263.net

经　　销：新华书店
印　　刷：北京虎彩文化传播有限公司
版　　次：2025年7月第1版　　2025年7月第1次印刷
规　　格：710毫米×1000毫米　1/16　10.25印张
字　　数：160千字

定　　价：68.00元
书　　号：ISBN 978-7-5171-4985-9

序

"教研"作为我国本土创造，顺应了教师专业发展的总体趋势和基本规律，是我国教师专业发展的有效途径。我国教研通过学校内部的真实教学场景，引导教师进行经常性的自我反思，持续不断地与专家学者交流研讨，打造"研究共同体"，激发教师内在的学习热情和专业的内在潜能，以更好地解决实践中的困惑和难题。所以，教研是促进教师"知行合一""学以致用""理论联系实际"的专业提升过程，也是实现教师专业化发展的必然要求。

就幼儿园教学而言，园本教研是促进幼儿园教师专业发展的重要路径。一方面，幼儿园教师的专业化就是从其所在幼儿园的具体教育情况出发，离开了所在幼儿园，教师的专业发展就失去了针对性；另一方面，幼儿园需要一批具有专业背景的教师，同时需要不断开展本园的教育研究活动，才能提高幼儿园的教育质量。园本研修是以解决幼儿园教育实际问题为直接目的，以提高教师专业能力、促进幼儿教育创新及园所可持续发展为根本目的的教师培训方式。

何舍予园长作为园本研修的首席专家，基于《3—6岁儿童学习与发展指南》和《幼儿园教师专业标准（试行）》提出的教师培训转型思路，把"游戏观察解读能力"作为园本研修的重点。针对园所教师观察解读能力方面存在的问题，如：以补短为着眼点，缺乏连续性；观察分析角度模糊，评价带有主观性；观察目的消极，缺乏沟通交流的能力等，自2017年开始，她带领杭州市舟山路幼儿园的老师聚焦运动主题，展开了一系列研讨实践，探索了基于儿童、基于园所实际的各类运动主题游戏活动，开创了提升幼儿园教师游戏观察解读能力的"七阶研习法"。

"七阶研习法"的"七阶"指的是"通过研习性观测、'哇时刻'发现、时机性介入、启发性反馈、精准性指导、实践性拓展、叙事性反思"循环链式研修路径，完善教师研修阶段性进程，每个阶段策略的设计都体现了一次园本研修基本部分的完整设计。"七阶研习法"的价值在于：第一，能够满足园本研修负责人对培养教师游戏观察能力的阶段性研修需求，形成高效的教师研修组织和规模；第二，丰富园本研修模式内容，为一线教师提升解读幼儿能力提供对应的实践策略；第三，满足一线教师实践需求，基于"学习故事"运用操作，丰富运动区域活动的开展，加强幼儿在运动区域中的学习体验与发展链接；第四，转变教师教学策略，帮助教师达成从"教师主导"到"幼儿主导"的观察思维转型，形成教师教育观察的学习模式，全面客观评价幼儿，从而在教育教学中更关注幼儿个体，更关注幼儿核心素养发展与形成，促成规范系统的教师专业成长轨迹；第五，转变校本研修项目开展思路，创新研修模式，通过运动区域中"七阶研习法"的践行和运用，发展提升教师专业能力。

何舍予园长在自我专业研修之途中，一直秉持着专业成长的"诗和远方"。在学历进修上，从起始学历的中师生，到浙江师范大学教育管理专业研究生，不断学习；在专业成长上，从普通老师到教研组长，再到园长助理、教科室主任、副园长、园长，不断进取30载，堪称典范。

何舍予园长有着热情开朗、包容大气的领导者气质。与其相处，总会被她积极向上、富有创意的工作激情所感染。很荣幸受邀为其园本研修专著作序。期待这一带有鲜活草根色彩的研修成果像一束光，福泽到更多同行者。

杭州师范大学经亨颐教育学院学前课程研究中心

黄小莲

2024 年 12 月 31 日

目 录

第一章　研究缘起：

"七阶研习法"研修项目概述

"七阶研习法"教师研习模式旨在营造教师们互相学习、互助提升、共同成长的专业发展循环链，帮助教师们在体验学习、团队共享、分析质疑中积累成长能量，收获自我研修的成长性体验。

一、研究缘起

（一）教研训现状屡现审美疲劳

纵观目前研修现状，各个研修一般多采用自上而下的形式，教研训"看上去很美"，实则不能很好地"对症下药"，研修活动没有完全依据教师日常工作中实际碰到的问题来落地。

（二）教师观察解读能力出现短板

目前教师观察往往以"补短"为着眼点，缺乏连续性。为了充实观察内容，教师观察着眼点在于幼儿不足的方面，有时不免以敷衍式策略为幼儿"补短"。

（三）教师把握教育时机方法单一

不少教师缺乏把握教育时机的策略和方法，缺乏以儿童本位的、基于经验的、动态连续性的、基于真实情境的、形成性评价的教育观察和时机介入的研究方法。

二、研究设计

（一）操作定义

基于运动游戏"哇时刻"，通过"研习性观测——'哇时刻'发现——时机性介入——启发性反馈——精准性指导——实践性拓展——叙事性反思"7个梯度循环往复，是一个不断推进、螺旋上升的问题解决过程，是提升教师有效观察解读能力，促进教师专业成长的研修模式。

（二）设计理念

1.源自"学习故事"

"学习故事"来源于新西兰，它不仅是一个故事，更是一种理念，一种行为和思维模式。它能激励教师不断去学习、去修正、去发现，能培养教师更专业、更及时地回应儿童学习的能力。

2. 小步递进

依据教师小步递进成长轨迹，将教师在研修中遇到的问题分解为阶段性小难点，让教师在逐步解决各个小难点的过程中提升专业能力，从而呈现小步递进的发展轨迹。

3. 成长性体验

营造教师们互相学习、互助提升、共同成长的专业发展循环链，实现教师们在体验学习、团队共享、分析质疑中积累成长能量，收获自我研修的成长性体验。

三、研究过程

（一）基本流程

围绕"哇时刻""七阶研习法"展开实践，通过"研习性观测——'哇时刻'发现——时机性介入——启发性反馈——精准性指导——实践性拓展——叙事性反思"循环链式研修路径，实现较为完善的教师研修阶段性进程。

1. 研习性观测——基于观察

其目的在于了解教师对于运动游戏的思考，用研习、观察、测定的思维方式撬动教师的儿童观，熟悉实践中的困惑和需要帮助解决的问题。

案例1-1：研习性观测主题研修

* 初探沙龙——大家来找碴儿

呈现观察记录，引导教师们来共同找碴儿，说一说不同教师的观察落脚点。

* 头脑风暴——分组研讨

研讨两个核心问题：观察的核心意义在哪里，观察的方式有哪些？

* 小试牛刀——"哇时刻"研习观测微记录

观看运动游戏视频、现场研习观测微记录。

小试牛刀让教师们对于研习性观测的记录过程有了亲身体验，互动环节的点评让老师们对观测记录内容有了清晰的理解与辨别。

2."哇时刻"研习——五级递进

本阶段共涵盖五个递进层级，分别从"哇时刻"发现、时机性介入、启发性反馈、精准性指导、实践性拓展五个方面进行循环研修。

（1）"哇时刻"发现

"哇时刻"发现来源于教师的儿童观，只有基于儿童、了解儿童、顺应儿童，才能敏锐地捕捉到儿童在游戏中的"精彩一刻"。

案例1-2：走近"哇时刻"专题研修

＊实例分析——通过观察中班运动游戏，分析梳理"哇时刻"

分析幼儿在游戏中学到了什么，遇到了什么困难，解决了什么问题，表现出哪些学习品质。

①记录什么？

②"哇时刻"在哪里？

③分析该运动游戏亮点。

④梳理建议。

（2）时机性介入

智慧地把握介入时机，关注儿童在游戏中的深度学习。适宜的介入时机体现出教师和儿童良好的师幼关系以及高水平的游戏推进能力。

案例1-3：

以下是运动游戏中关于时机性介入影响因素的专题研讨片段：

主持人：在"哇时刻"呈现时教师如何判断学习价值和把握介入时机非常重要。现在就运动游戏中时机性介入的影响因素来进行探讨。

甲：我觉得儿童在游戏中积累的知识和技能基础是影响时机性介入的关键。如果他们的已有经验不足以应付游戏状况时，那么教师介入时机就出现了。

乙：我觉得介入时机应站在尊重孩子游戏精神的立场上，假如孩子玩得非常投入和专注，哪怕遇到一些问题和困难，教师不妨等一等，给他们足够的自主游戏空间。

丙：在介入时机选择上，应更多地站在儿童的角度，以陪伴、等待、认可的态度去关注他们的游戏，让介入自然又充满智慧。

小组总结：在把握时机性介入时，我们看到了众多综合因素的影响，应认真学习，以把握游戏中的时机性介入原则与依据。

在专题研讨中，教师们针对时机性介入开展了集体研磨、案例分享、头脑风暴，通过集体智慧碰撞，互相启发，提升时机性介入的把握能力。

（3）启发性反馈

启发性反馈体现对儿童观的准确把握，找准介入时机后，用适宜的语言、动作、体态、暗示、环境等资源对游戏进行有效反馈，是推进游戏发展的关键。

案例1-4：关于运动游戏中教师指导策略的沙龙研讨

主持人：运动游戏研发中，目前孩子们接触最多的有哪些运动元素？对于追随儿童游戏兴趣和启迪深度学习如何理解？

人力车开发组：我们把人力车的合作人数适宜问题传递给儿童，实践后留下一个困惑：该创设怎样的情景让更多的幼儿参与进来呢？

平衡达人组：我们开展了《有趣的平衡板》《斗鸡》《玩滚筒》等平衡游戏。提供多样的游戏器械，在锻炼平衡能力的同时，成就儿童的游戏创造力。

强墙开发组：我们在攀岩墙创设"给娃娃喂食"情境游戏，并让幼儿攀上攀岩墙在管道内投掷，将材料与墙面结合，探索材料在墙面上的不同玩法。

主持人：请各团队思考我们想做什么，发生了什么（计划、设计）；

我们改变了什么，学习了什么（实际操作）；我们期待什么，等等。下一步怎么做（改善、调整），分组讨论运动游戏后续调整策略。运动游戏环境如何设计？如何深入推进运动游戏开展？

在启发性反馈研修中，教师为幼儿提供更多互助学习的机会，调整原有思路，紧跟儿童步伐，基于现状分析对后续游戏进行实践调整。

（4）精准性指导

在此阶段，教师的具体指导方向、内容、策略，都会对儿童游戏产生深远的影响。如何更精准地进行靶向性指导，是一个反复实践的过程，其中更需要专家的方向性指导。

案例1-5：专家领航

我园先后邀请了杭州市师干训中心、区教研室的专家莅临现场进行专题指导。杭州市师干训中心叶哲铭教授、浙江大学刘力教授、区教科室汪晔老师等一批专家与教师们进行面对面答疑解惑，触动教师的理念，优化教育行为，使教师的专业能力得到发展。

专家们高屋建瓴的指导，能在很大程度上影响教师的教育理念和教育方式，并在实际游戏指导中，精准地帮助教师解决问题。

（5）实践性拓展

重在验证与反思，在不断修正、改变中发现教育策略的得失与递进，在真实的案例中获得经验积累，在基础实践中获得互动体验。

案例1-6-1："哇时刻"运动游戏故事研磨分享

组织各团队基于运动游戏逐步积累和发现"哇时刻"精彩瞬间，提升教师对运动游戏实践和拓展能力，尝试记录有价值的游戏片段。

案例 1-6-2:"哇时刻"运动游戏故事评优

篇章 1:文本征集

结合运动游戏撰写"哇时刻"故事,由各教研组长组织研读。

篇章 2:人人投票

通过投票推选、教研组推荐等方式选出若干篇经典游戏故事。

篇章 3:精彩推荐

针对推选的优秀"哇时刻"游戏故事,逐一进行团队研磨式修正。

篇章 4:分享交流

分享优秀"哇时刻"游戏故事,研讨"哇时刻"学习价值体现在哪里?

运动游戏故事评优,在互动观摩、研讨中发现他人的记录角度,探寻不同的分析维度,同时也为各运动游戏实施过程提供一种评价机制和方法。

3. 叙事性反思——提炼验证

叙事性反思是教师自我提炼、自我分析、自我推进的过程,运用学习故事的理念记录反思,发现游戏中真正的价值所在,并作出适宜的回应和推进。

案例 1-7:分享展示会

聚焦各年段智慧,以论坛分享的形式展开研修,各年段把最有价值的研修点进行汇报,重在过程性展示和分析,同步把问题进行梳理和提炼,以解决共性存在的问题。

教师们分享在运动游戏推进中做什么、如何做、做到什么程度,阶段性地展示了教师们的成长积累,更引发大家思考:在实践中如何借他山之石,助力自己做得更好。

(二)实施载体

1. 第一阶段:研习性观测——观察发现、捕捉要点

通过预诊断、组团队,预先观测研修材料运用、情境设计、经验积累等方面的适宜度,从而提高教师的观察发现能力。

（1）预诊断——捕捉关键点

通过预诊断，教师对幼儿运动区域游戏进行体验和预估，站在幼儿的立场去发现问题、分析问题，并捕捉记录关键点，从自我思考进而发展到自我发现。

通过亲身体验和预诊断，捕捉到该运动游戏中幼儿运动能力发展的关键点，并尝试调整活动目标，更切合当下幼儿的运动能力发展水平。

（2）组团队——聚焦研发点

组建运动游戏研发小组，"材料小组"（PVC管、绳子、垫子）、"动作小组"（平衡、投掷、旋转）、"空间小组"（墙面、转角、屋顶），人人都参与研发实践。

研发小组让教师们对研习性观测有了落实，在实施研发方案中，使研习性观测目标更具象，过程更清晰。

2. 第二阶段："哇时刻"研习——行为跟进、内引外联

在这一阶段围绕"微调研、小组议、巧监测、现场会、亮方法"五个载体，以"行为跟进"的方式进行内引导、外关联，让教师们的研习能力落地生根，找到分析支架和方法。

（1）"哇时刻"发现——微调研

通过现场微调研厘清观察思路，解析"哇时刻"出现的疑问点和争议点，厘清观察时的着力点和思路。通过现场微调研，从运动游戏实录入手，依据教师自身的理解能力提出疑问和困惑，在思考中推进对"哇时刻"的解读和分析。

（2）时机性介入——小组议

通过现场研磨，为正确介入游戏时机提供导向支持与判断。以多种团队合作为核心展开，如师徒搭档小组、年级抱团小组等，旨在让老师们分析时机性介入的关键点。运用"试研"平台和媒介，以帮助教师更清晰地把握介入时机，从中进行对比分析，让游戏推进获得更优质的实效。

（3）启发性反馈——巧监测

启发性反馈对教师研习的帮助在于：发现、启示、分析、修正。在这一阶段，监测起到重要的平衡作用，监测人群来自各个层面的教师，从不同角

度进行细致监测与记录。

（4）精准性指导——现场会

通过现场会的方式组织教师进行"头脑风暴"，帮助老师们跳出情境审视问题、探寻优化运动游戏的各类策略。现场会抓住一个个小问题顺藤摸瓜，追根溯源，以此达成对问题的精准性判断和有效性指导，指导方和受指导方在反复验证中产生更为清晰的思考方向，共享研修经验。

（5）实践性拓展——亮方法

以亮方法为核心，收集教师们在不同运动游戏中的"金点子"，巧妙解读推广，从而进一步拓展运动游戏功能和游戏深度。教师共享优质运动游戏设计、有价值的经验推广、积极的信息沟通，在自我研修、团队研修、交叉研修中找到问题关键，运用团队的力量达到突破和创新。

3. 第三阶段：叙事性反思——体验解读、互融共享

本阶段以"视频录"和"文本记"的方式引导教师通过多途径记录"哇时刻"，探究幼儿在运动游戏中有价值的线索。

（1）视频录

视频追踪运动游戏，聚焦片段回放，定位关键因素，发现"哇时刻"脉络，并进一步优化教师的指导策略。

用微视频进行现场记录，给予教师团队最鲜活的现场还原，教师能看到来自儿童原生态的运动游戏现场实录，从而给予准确判断和指导回应。

（2）文本记

从指导语言、行为介入、跟进策略、调整措施等方面进行实践检验，真正落实到平时的游戏观察记录中，巩固教师对于"哇时刻"的理解和认识。

教师以学习故事的版式分析观察儿童游戏经验，并从中发现相应的游戏规律和推进策略，对后续进一步优化运动游戏产生积极的推动作用。

四、研究成效

（一）形成了教研训一体化的"七阶研习法"

集教研训为一体，把"七阶研习法"融入各研训板块中，形成了较为完

整的教研训一体化"七阶研习法"模式，为教师专业成长提供了一条具有可操作性的实践路线。

（二）研制出一系列运动游戏资源册

目前已形成运动游戏研发记录册、各年段运动游戏研习册、运动游戏监测记录册、运动游戏研发观测表、运动游戏"哇时刻"记录册等，并初步形成 8 个运动游戏研发资源包。

（三）促进了教师观察解读能力的提升

我园教师聚焦运动游戏，在观察方法、观察记录、"哇时刻"捕捉能力、分析解读等方面有了较大的提升，能针对幼儿运动游戏进程进行有效指导与跟进。

（四）提高了教师园本课程开发能力

从研究初期运动游戏内容、选材单一，到研究后期内容情节丰富、选材多元、互动积极主动，显示出教师的跟进和指导水平在不断发展和提升，从特色游戏逐渐延展至园本课程雏形呈现，为园本课程有效开发提供了现实的基础和依据。

第二章　以研促教：

"七阶研习法"研修项目的亮点、实效创新与推进方向

一、项目设计亮点凸显

（一）按需定制，量体裁衣

基于本园教师队伍专业发展现状和需求：观察解读能力出现短板、把握教育时机方法单一、团队研习缺乏共融等问题，聚焦运动区域，提出教研训一体化的"哇时刻"研习模式。

通过发现"哇时刻"、分析"哇时刻"、记录"哇时刻"、延续"哇时刻"循环链式研修路径，渗透研修内容和载体，以"哇时刻"研训模式促使教师重新审视儿童观，逐渐引领教师们向着研究型、学习型等专业方向靠拢和发展。

（二）课题引领，研训合一

以省教师发展课题和杭州市教师教育科研课题为引领进行园本研修项目研训推进，以科研的思路规划研训方案，用科研的角度思考研训核心价值，从科研的管理模式推进研训深度，以科研的实践落实研训基础，真正把校本研训和教育科研做到无缝相融、统整链接。

（三）梯度推进，深度延续

基于近两年室内体育锻炼研训基础，以"运动区域"为载体展开研修，是对园本研训有效的层级拓展和梯度延伸。近两年，我园园本研修项目从室内体育锻炼拓展到运动区域，呈现出一个项目立体化、内容延续式的园本研修主体，形成了有核心项目主题链接的园本研训内容，有梯度推进的园本研训目标，有循序渐进的园本研训模式。

二、项目践行实效创新

"哇时刻"研习模式为教师专业发展提供了一个开放、自主、适度、聚焦、循环的研修平台。教师们以"哇时刻"研习模式为核心聚焦运动区域展开了一系列的深入学习与思考，基于幼儿的游戏现状，链接幼儿的游戏经验，生成丰富的运动游戏内容，关注幼儿的游戏需求，从深层次去解读运动区域的游戏过程，发现游戏的价值，由此习得记录学习故事的关键经验和指导策略，为进一步准确制定运动区域的目标、运动区域材料适宜的投放、运动区域指导策略的合理介入提供了具有可操作性的实践依据。

（一）精准培育教研训一体化研修理念

在园本培训项目实施中凸显循环推进、螺旋上升的问题解决过程的研训特色，有效提升教师观察解读能力，促进教师专业成长。集教研训为一体展开实践，通过研训整合，把"哇时刻"研习模式融入各个研训版块中，培育了教研训一体化的园本研修理念，为教师专业成长提供了一条具有可操作性的实践路线与方向。

（二）深耕夯实"哇时刻"研训模式

通过"观察发现、捕捉要点；行为跟进、内引外联；体验解读、互融共享、策略提炼、实践拓展"等研修策略，启发教师基于儿童的游戏现状、链接游戏经验、关注游戏需求，从深层次去解读游戏过程，发现游戏的价值，由此习得关键经验和指导策略，为研制运动区域游戏目标、材料投放、指导策略提供具有可操作性的实践依据。

（三）研制积累"运动区域"园本研训资料

研修项目重在实践中记录，在反思中梳理，目前已形成一系列"运动区域"资源册，如"运动区域"研发小组过程性记录、各年段"运动区域"研习册、运动区域各层级监测记录、运动区域研发观测表、运动区域"哇时刻"记录等，并初步形成了8个完整的运动区域研发小组资源包。

（四）梯度提升教师观察解读能力

与我园教师项目研究初和研究末采集的两次摸底调查数据进行对比，此次调查有32人参与，共有32份有效问卷。从问卷中可以看到，我园教师聚焦运动游戏，观察方法、观察记录、"哇时刻"捕捉能力、分析解读等方面在研修前期和后期都有了较大的提升，能针对幼儿运动游戏进程进行有效指导与跟进。

（五）推动发展教师教育实践能力

近一年我园教师论文获奖、教学实践发表达27人次，比研究前增加了

45%，其中一篇投掷运动区域论文获 2017 年杭州市中小学和幼儿园教学研究评比一等奖，本研修项目立项的课题获 2018 年杭州市教师教育课题优秀成果评审一等奖。

（六）带动拓展教师园本课程开发能力

在运动游戏研制中逐渐呈现出园本课程开发的雏形，该路径成为教师工作的新思维模式，提升了教师开发园本课程能力。

教师在"绳子大变身"运动区域中对幼儿游戏行为进行监测，共有 25 名幼儿参与。

从研究初期运动区域内容、选材单一，到研究后期内容情节丰富、选材多元、互动积极主动，"绳子大变身"发生的变化，显示出教师的跟进和指导水平在不断发展和提升，从特色游戏逐渐延展至园本课程雏形呈现，为园本课程有效开发提供了现实的基础和依据。

三、项目推进方向

下一步我们将进一步提高教研训一体化研训模式的广度和深度，挖掘"哇时刻"研训模式的范式研究策略，研制出符合我园实际的基于运动游戏的园本课程方案。

（一）进一步形成教研训一体化研训模式

将以"哇时刻"研习模式为基石，在教研训一体化核心理念引导下，进一步优化园本培训的方式、内容、策略、途径，提升培训效率，夯实培训基础。

（二）进一步优化"哇时刻"研习工具

聚焦观察实践，进一步优化观察工具和量表，设计符合日常观测、解读需求的研训工具，以便更好地服务教师，提升其解读能力及指导水平。

（三）进一步研制基于运动领域园本课程方案

目前已初步形成运动区域特色内容，下一步将整合以上版块，尝试研制基于运动领域的园本课程开发，形成较为成熟的园本课程专项方案。

　　"哇时刻"研习模式为教师专业成长奠定了清晰的研训模式路线，基于教研训一体化的"哇时刻"研习模式是我园开展教师培训的新尝试，以运动区域为载体的园本研修给我们提供了一条教研训合力的有效路径。

第三章　奋楫笃行：

"七阶研习法"研修项目的应用与实践

第一节　以"儿童观更新"为基点的实境研修

——研修案例《发现相信儿童的力量》

一、研修培训设想

让学习故事成为教师的笔头工作的一部分已经一年，目前在践行中，发现存在以下问题：1.为写学习故事而写学习故事。2.学习故事缺乏鲜活的生命力。3.学习故事更像是流水账。4.学习故事中教师主观意识较强。5.学习故事往往没有延续性。请思考为什么会出现这些现状呢？为什么学习故事记录遇到了瓶颈？为什么老师们总是找不到"哇时刻"？今天聚焦"发现相信儿童的力量"，启发教师自身的学习和成长。

二、研修准备

分组准备不同角色标签、PPT、海报、电脑投影、便签条。

三、研修过程

学习故事是一套用叙事的方式对儿童的学习过程进行形成性评价的体系。自2013年新西兰幼教工作者把学习故事正式介绍给中国幼儿教师开始，学习故事在中国逐渐得到了关注。

不过，目前国内与学习故事相关的中英文文献都非常有限。因此，大家对学习故事的认识和理解不尽相同。围绕学习故事，也存在着各种声音，包括接纳、认同、质疑、争议等。这些声音令人欣喜，因为这让我们看到了大家对学习故事的关注，但同时也让我们看到，还需要对学习故事理念和实践进行深度解读。所以，正式的儿童学习评价记录"学习故事"需要刻画一个"有能力有自信的学习者和沟通者"形象，帮助儿童在学习评价过程中，在自己的学习过程中建构积极主动的学习者形象，激发儿童学习成长的力量。

1.学习故事中的"哇时刻"不是被动等待着被发现的。如果发现不了"哇时刻"，可能需要反思。

时间：请教师先审视一日生活安排，是否给了孩子们足够时间去自主游戏、思考、投入和参与学习。

空间：请先审视环境（物质环境和心理环境）是如何促进孩子们主动学习的，是否给孩子们提供了多种多样的学习机会和可能性，对孩子们发出无声的邀请，供他们选择自己感兴趣、适合自己的学习活动和参与方式。

权利：请先思考是否给了孩子相信、理解和主导他们自己学习的权利。

教育需要从孩子的视角解读孩子，你会发现，无论孩子在游戏、观察、倾听，还是在发呆，学习无处不在。所以，学习故事不是成人想当然的故事，而是发生在孩子身上的真实时刻。

如果发现了"哇时刻"，可以帮助我们走近儿童。

如果发现不了"哇时刻"，也有助于我们反思自己的教育价值观、儿童观、课程观、学习发展观、评价观，帮助我们反思教育教学实践。

2.现场观摩"挑战消防员"运动游戏，穿越火线游戏视频，尝试现场记录一段学习故事并分享。

四、研修收获与感悟

从边缘到中心，从学徒到专家，每一位老师都有自己的原有经验，我们不强求每一位老师都能一下子形成一个优秀的学习故事，但是老师们要尝试去写学习故事，让自己走近孩子，成为一名更有专业性的老师。教师在日常工作中认真观察记录自己觉得有意义的事情，给孩子和家长带来珍贵的记录。最后向大家推荐这本书《学习故事与早期教育：建构学习者的形象》。

通过园本教研中独特的角色体验、现场互动来引发教师们自主剖析问题，浸润式的研修能激励教师积极参与，从而正确解读儿童学习行为，转变理念，重塑课程观，了解到更科学合理的支持儿童的方法。

在整个研修过程中，每一位教师都是研修的主角，能从自己的思想深处去引发碰撞和新的思考。在园本教研中，我们需要适时地跳出幼教看幼教，拓宽自己的研训视野，从而提升研训策划者、参与者的专业能力，在有限的研训时间内达成高效积极的研训成果，让老师们能从研训中颠覆自己的固有思维，并向着成长型思维迈进。

第二节　以"挖掘'哇时刻'精彩为切入点"的案例分享

——研修案例《发现"哇时刻"，让学习故事更有意义》

一、活动策划的背景与意图

本次园本研修旨在让教师带着发现的目光，聆听教师们在研修运动游戏中发现的小故事即"哇时刻"，看懂学习故事，明白学习故事的意义何在。

二、研修目标

1. 理解"哇时刻"是学习故事的开始，知道学习故事的方方面面。

2. 每个小组分别进行"头脑风暴"，思考撰写学习故事的各种形式并和现有形式进行对比。

三、研修准备

PPT、水彩笔、便签条若干。

四、研修过程

（一）观测量表的意义

每个小组设计的观测量表都是有价值的，它能帮助教师在幼儿游戏中发现幼儿在平时活动中很少出现的游戏品质；验证现阶段设计的游戏是否符合该年龄段的幼儿需求，同时根据表格记录有效推进游戏的深入。

（二）学习故事微交流

1. 每个小组请一个代表分享自己在运动游戏中所发现的学习故事（形式、

文本不限）。

2.互相点评分享的学习故事的亮点。

（三）互动式学习

1.学习故事的意义，了解学习故事的核心价值。

（1）什么是学习故事？学习故事不仅是一个故事，还是一种用叙事的方式进行形成性评价的体系。学习故事展现了每个儿童学习过程中的"哇时刻"，是一系列高质量的"快照"或者记录下来的小片段。在故事里，儿童表现出一种或多种有助于学习的心智和行为倾向。

（2）"哇时刻"来自哪里？孩子宽容的态度就是"哇时刻"；孩子的兴趣及对兴趣的执着就是"哇时刻"；孩子做出出乎意料的事情就是"哇时刻"；孩子对事物不断地探究就是"哇时刻"；孩子敢于质疑成人并进行验证就是"哇时刻"；等等。

（3）引领学习故事评价体系的儿童观：每位儿童从出生开始就是有能力、有自信的学习者和沟通者；儿童是天生的哲学家、好奇的探究者、有能力有自信的主动学习者！

所以，正式的儿童学习评价记录"学习故事"需要刻画一个"有能力有自信的学习者和沟通者"的形象，帮助儿童在学习过程中建构积极主动的学习者形象，激发儿童学习成长的力量。

2.案例分享《与水共舞的小男孩》。

（四）学习故事对比

1.每个小组根据以上案例与自己撰写的学习故事进行对比，写下关键词（主持人现场记录）。

2.小组成员分享关键词。

学习故事的形式没有任何限制，最重要的是写下你对自己所记录的幼儿有了哪些新的认识，这不仅是对幼儿成长轨迹的记录，也能提升教师的专业素养。

（五）感悟小便签

每个成员根据本次研修讲讲自己对学习故事的新感悟，提炼关键词并分享。

五、研修收获与感悟

可以将学习故事运用到自己工作的方方面面，比如成长册，学习故事也可以同样给孩子看一看。学习故事中的"哇时刻"不是被动等待着被发现的，如果发现不了"哇时刻"，可能需要反思。幼儿园和班级是否为每个儿童都提供了让他们得以在学习中创造"哇时刻"的条件？每个儿童是否都有足够的时间、空间去思考、选择、发起、组织且热切专注地投入他们感兴趣的学习中？每个儿童是否都得到了足够的信任，从而相信自己是有能力、有自信的学习者和沟通者？每个儿童是否都能被教师理解？更多美好的学习故事需要教师用心去发现。

在教师对"学习故事"的感悟便签中，可以总结出以下几点：

（一）学习故事从发现"哇时刻"开始

教师们通过文字或者图片的方式记录下幼儿能做的和幼儿感兴趣的内容，并以此为起点，激发儿童学习成长的力量，进而促进幼儿的学习发展，让儿童的学习过程充满"哇时刻"。

当教师们试图在幼儿园生活中捕捉"哇时刻"的时候，有的老师会发现"哇时刻"随处可见，孩子似乎总是会带给老师惊喜。但也有一些老师说看不到"哇时刻"，很难找到"哇时刻"，这是为什么呢？大概是因为教师还没有从儿童的视角去了解儿童，教师还没有关注到儿童自身已有的知识和经验。

（二）写学习故事从儿童的视角出发

写学习故事，倡导从儿童的视角读懂儿童的内心，要用贴近孩子的心去体会、评价儿童的知识、技能和已有经验等，需要运用专业知识和技能来分析。为如何回应孩子的学习兴趣和需要提供方向，以进一步激发儿童参与学习的热情和力量！本次活动形式有创新，内容有深度，研讨有成效。下面从活动策划、教师现场反馈等方面进行评价：

为了让教师能学会用亮眼发现幼儿的"哇时刻"，本次活动设计的环节较为丰富，但环节之间的过渡不够自然。

在本次活动中，有的教师在讲解时略显紧张，有些语句和措辞不够精练和简洁，这说明老师的基本组织能力和现场领导能力仍有待加强，相信通过不断练习、实践，日后会越来越好，越来越扎实。

最后从现场反馈可以看出，大部分教师都能理解做"走心"的教育要从动心和用心开始。至于为什么会发现不了幼儿学习中的"哇时刻"？老师们要反思。发现"哇时刻"的秘诀在于是否从孩子的视角去理解孩子的行为。

第三节 以"科学优化量表"为难点的头脑风暴

——研修案例《优化观测量表·遇见更美的"哇时刻"》

一、活动策划的背景与意图

在上一次的园本研修中，各小组都根据自己的理解设计出了一份观测表。这些观测表有的是从运动技能入手，有的是从投放的材料入手，有的则是从观测游戏的空间是否有效入手，这些观测表都是为了帮助教师更好地发现"哇时刻"，各个运动小组在使用这套观测表后，也都有了自己的想法。设计本次交流分享活动，旨在通过智慧碰撞让老师们对观测表进行优化、整合。

二、研修目标

1. 了解活动过程中观测表的意义，突破对"学习故事"认识的固定思维。

2. 按游戏空间、投放材料和运动技能将教师分为三个小组，分别研讨出一份可操作性强的观测表。

三、研修准备

PPT、记号笔、海报 3 张、大黑板、事先已用过设计的表格。

四、研修过程

（一）温故知新，"注意"理论

1. 按游戏空间、投放材料、运动技能分组坐。

2. 引入鱼骨形思维导图，理清学习故事的形成脉络。

3.回顾、讲解"注意"这一环节。

"注意"通俗一点可理解成"观察"，如何观察？

（二）表格实践，分享感想

抽签选出三位教师，分享其使用上次活动中设计的表格的感想，指出有什么优点和不足。

（三）学习故事的五个维度

《新西兰早期教育课程框架》和学习故事评价体系的一个重要目标就是促进有助于儿童学习的心智倾向的发展，帮助儿童建构积极的作为学习者的自我认识，从而激发儿童学习和发展的强大力量。

1.引入心智倾向的五个维度——感兴趣、主动参与、遇到困难或不确定情境能坚持、与他人沟通和承担责任。

教师感兴趣的是通过写故事强调学习成果的能力，它的结构性更强，是日常环境中的观察，旨在提供抓拍到的一系列学习片段，或关于某个儿童的小故事。在这些抓拍到的学习片段或小故事里，儿童表现出有助于学习的心智倾向的一个或多个领域。五个心智倾向领域被转化为五种行动。

2.拓宽教师发现"哇时刻"的角度和视野。

很多教师开始写学习故事时会关心心智倾向的某一个领域。然而，重叠和排序的过程整合了有助于学习的心智倾向的五个领域。

（四）研修讨论一刻钟

1.三个小组分组研讨，结合自身游戏特性设计一张观测量表。可以推选组内较为适合的量表进行修改，也可结合实际重新设计。

2.每个小组派代表讲解自己小组设计的量表的内容和设计原因。

（五）研究总结

观测量表是服务于运动游戏观察的工具，它不是万能的，但只有教师尝试用它，并真切领悟观测量表的意义所在，教师的研修才会进步，才会有"点"可寻，有"点"可挖。

五、研修收获与感悟

本次研修活动中，我们提出了几个新词汇，教师们逐一消化和吸收。对于学习故事中的"哇时刻"，教师们要从根源上明白，学习故事是服务于幼儿的，给幼儿看的小故事，可文艺可美好，而不是一板一眼写给教师的。希望经过教师的再次思考、设计后的观测量表是一个能让我们更好地发现、记录"哇时刻"的工具。

六、活动策划的得失评析

集团的校本研修，充分展现了不同年龄层次教师的不同智慧，从设计观测中可以看到，老教师运用自己多年的教育经验给正在成长的青年教师以理论支持。青年教师也注入青春活力，大胆地提出自己的想法和感触，双方的智慧碰撞形成了新的观测量表。但有些教师存在思考方向的偏差，在设计过程中没有考虑整体，教科室需要帮助教师理清思路。

第四节　以"聚焦介入时机"为特点的视频解析

——研修案例《探讨介入时机·做好启发反馈》

一、活动策划的背景与意图

本次活动继续以教研训一体为核心开展园本研修。此前，我们分别开展了有关于"研习性观测""'哇时刻'发现"的园本研修，每一位教师都积极参与，进行"头脑风暴"，结合自己小组的运动游戏，对"哇时刻""七阶研习法"有了一定程度的了解。但我们的"哇时刻""七阶研习法"研修之旅还没有结束，每一阶都有相连接的地方。本次活动旨在带领教师深刻领悟"七阶研习法"，鼓励教师运用智慧和洞察力在幼儿发生冲突时进行有效的"时机性介入"并开展"启发性反馈"，推进幼儿游戏深度。

二、研修目标

1.探讨"时机性介入"的真正"时机"，做到有效介入。

2.组织教师讨论"启发性反馈"的含义，探讨如何真正做到能推进幼儿游戏的反馈。

三、研修准备

PPT、各小组准备视频、水彩笔、海报若干。

四、研修过程

（一）小组分享运动游戏视频

每个小组派一名老师分享自己在观察幼儿游戏时的一个小片段，并分析当下教师的所想和行动，谈谈自己或同伴的介入行为。

（二）解读当下教师的介入

如果教师发现了幼儿游戏的问题，需要介入游戏，须找好最佳的时机。通常在以下情况下介入：

1. 当孩子遇到困难不知所措的时候。

2. 当孩子出现纠纷与行为问题时。

3. 当游戏出现教育契机时，教师要及时介入。游戏当中，随时可能出现学习新概念与解题方法的时机。这些机会稍纵即逝，除非教师能把握这些机会提出适当的问题、建议或鼓励。教师给予幼儿提示，帮助解决问题，抛出问题引发幼儿思考。通过这些方法，幼儿所获得的学习方法、经验比正式教学中所获得的更能持久。

4. 当游戏无法深入时。

5. 当幼儿发生创造性的行为时，教师要及时发现并鼓励。老师的出现与介入还要体现艺术性，即什么样的角色介入是最自然的，既能达到指导的效果，又不影响孩子的游戏，老师有时是游戏的伙伴，有时是某个特定的角色，有时还是旁观者，必要的时候是调解员。当幼儿的游戏发生纠纷时，教师要根据幼儿的年龄特点及情况，采取适宜的解决方法，在小班游戏时，较多的情况下教师是矛盾的调解员。到中班、大班的时候，教师要提供解决问题的时间，在一旁做一个安静的旁观者，观察事态的发展，如幼儿顺利将问题解决，老师就可以悄悄退出；如矛盾激化，则用适宜的方法帮助孩子解决。

（三）互动性学习、启发性反馈

1. 请教师根据自己的理解解释什么是"启发性反馈"。

启发：开导指点或阐明事例，引起对方联想并有所领悟；反馈通俗理解为：从一件事当中反映出的问题。

含义：教师对一件事（幼儿的运动游戏）中反映出的一些问题，做到开导指点或讲清事情发生过程，让孩子得以联想事情全貌并能有所领悟。

这个"启发性反馈"一定是在事后进行的。

2.结合自己小组的视频，请每个小组的教师进行"头脑风暴"，讨论在该视频中我们将如何做到"启发性反馈"；以海报的形式呈现并进行具体讲解。

（四）反思

幼儿的探索学习需要得到老师的支持、帮助，但这并不意味着教师可以不分时机地随意提供帮助。我们应该有这样的理念：只有当幼儿确实因其本身经验与能力的局限，致使探索活动难以继续的时候，才给予一定的支持。所以，这就要求老师一定要具有敏锐的观察力和判断力。教师适时介入一定是推进幼儿游戏的辅助力量，但介入时机更是关键；同时通过启发性反馈从一个小问题切入，让幼儿明白自己在此次游戏中的收获，或发现自己的优点和不足，这也对推进幼儿游戏起着至关重要的作用。

五、研修收获与感悟

在本次研修中，从教师分享的视频中可以感受到，教师能够真正捕捉到孩子们在运动游戏中的精彩时刻；有投掷小组的教师发现小男孩的良好学习品质；有的教师在游戏中发现孩子们的问题解决能力大大提高；等等。老师们对于自己的介入都有了独到的分析和体会。我们应该有这样的理念：只有当幼儿确实因自身经验与能力的局限，致使探索活动难以继续的时候，才给予一定的支持。这就要求老师一定要具有敏锐的观察力和判断力。比如，当孩子在很专注、很顺利地进行游戏活动时，老师最好不要在此时去打扰他，以免打断孩子的思维，影响孩子的活动。如果教师发现了幼儿在游戏过程中存在的问题，需要介入游戏，须找好最佳的时机。

六、活动策划的得失评析

本次的研修主要从研修形式、教师收获两方面进行评析。

本次研修的形式是以问题式研讨开展，主要是以教师对于自己小组所拍摄的视频进行"启发性反馈"的分析，循序渐进地研究探讨，推动视频中问题的解决，帮助教师积累研究问题、解决问题的经验，最终促进教师的专业成长。

其实园本研修也可以使用三段式研修，即独立思考准备方案—罗列问题碰撞思辨—合作梳理总结经验。

从教师收获来讲：运动游戏是幼儿的自主活动，但并不是随意的自由活动，幼儿的活动也是有目标的，这些目标的实现途径不同于集体教学活动，所以在区域活动中，教师的观察和介入就显得尤为重要。只要教师们认真观察，适时适度介入指导，一定能大大提高区域活动的实效，让幼儿在区域活动中自由探索、自主学习、快乐发展！

第五节　以"精准指导行为"为热点的圆桌团讨

——研修案例《精准指导游戏·实践拓展情景》

一、活动策划的背景与意图

本次主题是组织教师学习如何在开展运动游戏后做好精准性指导，形成有效的指导策略，并在指导之后做到实践性拓展，帮助幼儿在运动游戏中提高各项能力，利用园本研修时间，通过小组沙龙的形式，大家分析、总结如何根据现在幼儿已达到的能力水平，推进其进一步发展，推动游戏的深层次进展。

二、研修目标

1.组织教师学习如何在开展运动游戏后做好精准性指导，形成有效的指导策略。

2.如何根据现在幼儿已达到的能力水平，推进其进一步发展，推动游戏的深层次进展。

三、研修准备

PPT、水彩笔、卡纸若干。

四、研修过程

（一）游戏"你画我猜"（8分钟）

两人一组，自由组合，两人面对面站着，一人可以用手做出动作，或者用其他句子来形容，另外一个人猜词语。负责比画的人不能说出包含所猜的词中的任何一个字（读音相同亦不可），不能说拼音或英文单词。

（二）互动性学习：运动游戏的那些事（10—20分钟）

1. 每个小组观看前期准备的幼儿运动游戏的视频。

2. 对幼儿运动游戏进行简单讲解，并分析教师后续的指导方法。

（三）知识性学习：精准性指导、实践性拓展

精准性指导：准确地针对幼儿在运动游戏中发生的某一困难或问题，进行有策略有方法的指正、引导。

1. 熟知幼儿年龄特点和相应的能力发展，才能有效提高某项技能。

2. "因势利导"激发幼儿的运动兴趣，即顺着幼儿心理、思想行为的发展趋势，加以有效地引导。

（1）孩子能"产生好奇"——及时发现，深入思考

当孩子在游戏中产生一些想法的时候，他会做出一些行动来，作为老师应该及时发现孩子们的行动，引导孩子思考好奇背后的原因，逐渐进行更深入的思考和探索。

（2）孩子能"勇于探索"——及时鼓励，示范引导

当有一些难度增加的时候，是考验幼儿思考和探索能力的最佳时机。在孩子们的能力有限，难以有新的探索和创造的时候，教师应及时给予孩子鼓励和支持，让孩子们在教师的引导下有新的想法，或者间接传递给孩子们一些有用的知识，助推孩子们探索能力的发展。

（3）孩子能"自信挑战"——自主挑战，多种难度

孩子的运动能力不同，需要挑战的难度也不同，获得自信心的途径也不同，因此需要孩子自主尝试挑战，教师需要设定多种难度，供孩子们选择，才能够达到共同提升自信心的效果。

（4）孩子能"自主独立"——共同制定，遵守规则

在孩子自主独立地游戏之前，请孩子一起制定游戏规则，这样才能够引起孩子的重视。既然制定了规则，就需要严格遵守。

实践性拓展：指导之后要有意识地带领幼儿进行尝试，在尝试中不断引导幼儿积极创新，增强同伴合作意识和创新意识。

1.考虑幼儿的能力应该达到什么要求，再进行游戏的设计。

2.观察孩子们在游戏中的玩法，每一次重点提炼一两个游戏后，进行事后介绍，鼓励孩子勇于尝试新游戏，获得新技能。

3.改变、增减游戏材料，辅助幼儿进行游戏创新，形成自己的游戏架构。

（四）头脑风暴（30分钟）

1.现场每个小组进行小组研讨，分析目前幼儿参与运动游戏的能力和兴趣，讨论如何推进运动游戏开展。

2.请教师互相分享推进运动游戏开展的方法与措施（用思维导图的方式进行阐述）。

（五）回眸与感触

随着运动游戏的不断推进，教研训一体化模式下的"哇时刻""七阶研习法"已经进行到第二阶段的结尾，每一阶段都有着它独特的意义，对老师们的研修能力有着不同程度的帮助；本次主题就是要让教师积极思考，及时捕捉幼儿在运动游戏中的精彩瞬间，对记录下的素材进行深度思考。

五、研修收获与感悟

"主题"是一场园本研修活动的起点和核心，而本次研修活动的主题就是组织教师学习如何在开展运动游戏后做好精准性指导，形成有效的指导策略。策划人把握好研修活动的主题核心是研修活动开展的重要前提。

首先，主题应来自教师在实践中碰到的真问题，研修活动开始前策划人和教师应对主题了然于心并有充足的准备。研修时可直接抛出主题，让参研教师直奔主题展开讨论，可以避免不着要领的现象出现。其次，抛出的主题要有一定的难度，或有一定争议性、挑战性，能激发教师思考，这样才有研讨的价值。在抛出系列主题时，一定要注意由浅入深，层层深入，从而能使研讨活动由浅入深，环环相扣，使研讨达到良好的效果。

六、活动策划的得失评析

在本次研修中，老师们各自分享了在研修运动游戏中幼儿的精彩瞬间。在这一过程中也发现很多小组的教师在如何指导幼儿游戏上都只浮于表面，没有深层次地观察、分析幼儿为何会出现这样的行为。在研修过程中，策划人也没能很有效地总结每一小组的问题，这十分考验教师的专业素养。

作为策划人，一方面需要引领教师归纳、探讨、验证并抛出问题引发集体探讨。另一方面需要引导教师在交流经验的同时学会总结复盘，让先进的教学行为有稳定的理念支撑，帮助教师形成基于实践的理论；在活动结束时，主持人应对整个研讨活动进行整体的梳理和简要地概括总结，把教师达成共识的观点进行提炼和提升。对不同的观点进行梳理，或作为下次研讨的内容布置，或作为下个阶段的研究主题，使研修活动跟随教师的真问题步步深入，深化研修活动的内涵。

第四章　同频联动：

"七阶研习法"研修项目的实施与创新

第一节　研发小组——三人共鸣成行

一、"闪亮之星"定向运动游戏研发小组研修实录

（一）研修预设方案

团队成员：

郑璐娜、钱伟圆、张嬴之、钱汝渊、王加冕、郭玲、孙伟飞、徐敏

研发内容：

幼儿定向运动游戏的实践探索。

背景分析：

定向运动是一项既需要智力也需要体力的运动，对培养幼儿的认知、运动、交往能力有一定的益处。幼儿园面积小，场地有局限，不适合大范围展开运动，而定向运动游戏的开展，充分利用整个幼儿园的每个角落来解决幼儿园运动场地不足的问题。

预期成效：

1.提升幼儿多种运动技能，如跑、跳、爬等，提高身体协调性，促进幼儿耐力和运动速度的提升，增强与同伴合作解决问题的能力。

2.教师发现定向运动游戏中的"哇时刻"，记录学习故事，提升教师在运动游戏中的指导能力和活动后的分析解读与反思能力。

主要阶段：

第一阶段：制定讨论大班幼儿定向运动游戏活动方案及主要流程。

第二阶段：幼儿经验铺垫及地图制作。教幼儿学会看地图，能借助指南

针辨别方向。

第三阶段:大一班、大二班根据游戏方案进行定向运动游戏活动,邀请组员观摩、研讨适合大班幼儿的点标距离、运动时间、路程长短。

第四阶段:根据第一次研讨情况调整定向运动游戏方案中点标距离、运动时间等内容。

第五阶段:教师试玩,发现游戏过程中的不足,及时做出相关调整。

第六阶段:部分幼儿试玩,教师通过观察记录,进行反思跟进。

第七阶段:幼儿尝试调整过后的游戏,教师观察记录,捕捉其中的"哇时刻"。

(二)研修记录

表 4-1-1 "闪亮之星"定向运动游戏研发小组"常态"研修记录之一

活动时间	2018-03-09	团队成员	郑璐娜、钱伟圆、张赢之、钱汝渊、王加晃、郭玲、孙伟飞、徐敏
内容实录	郑璐娜:之前大家都没有玩过定向运动游戏,我们要给孩子们铺垫相关经验。以此展开一个主题活动吧。 钱伟圆:对,像指南针这些幼儿平时不太接触得到的东西,他们还不会用。可以开展认识指南针、看地图等相关的教学活动,让孩子们带指南针过来。 孙伟飞:我们自己也要多看相关文献,了解定向运动游戏怎么玩。 郭玲:平时也可以让孩子们和家长找一找生活当中的地图,认一认。幼儿有了一定的生活实际经验,认地图会快一点。		
发现问题	1.幼儿带来的指南针有个别不准。 2.地图上的路线标注方式与身边收集的地图上的标记不同。 图 4-1-1 "闪亮之星"定向运动游戏的地图及点标		
下一步行动	针对定向运动地图上的标记进行观察、认识,了解三角形、双圆形、圆形及数字表示的含义。		

表 4-1-2 "闪亮之星"定向运动游戏研发小组"常态"研修记录之二

活动时间	2018-03-14	团队成员	郑璐娜、钱伟圆、张赢之、钱汝渊、 王加冕、郭玲、孙伟飞、徐敏
内容实录	郭玲：孩子是玩得挺开心的，但前期老师要准备的东西太多了，又要布置场地、又要记录，而且看不到别的点标处孩子的游戏情况。 郑璐娜：因为有老师和场地布置，孩子们不需要根据地图，也知道哪里有点标，有的直接找"老师"，而不是识图找点标。 孙伟飞：有组小朋友走错了，先到了我这个点标，我也给他打勾了，后来又跑来说重新玩，到底要不要按点标顺序？ 徐敏：孩子太多了，都不知道谁和谁是一组的。有时候就跑来一两个，有时候一群小朋友都跑来，分不清楚哪些人是一组的。		
发现问题	1.小组合作较好，但最好有队服或者队标，以便于辨认。 2.共有6组幼儿游戏，其中2组能完全按照点标顺序游戏，其余4组均有错过点标、跳过点标的现象。 3.运动任务可以多增加一些合作的项目，如接力赛、两人三足等。 4.第一次使用的地图大约是A3纸大小，加上记录纸，幼儿不方便拿着做游戏。		
下一步行动	1.精减地图内容。 2.增加队服（不同颜色的粘球衣）。 3.增加合作运动项目，可自选。 4.对错过点标、跳过点标的幼儿，教师鼓励幼儿按点标顺序进行游戏。		

表 4-1-3 "闪亮之星"定向运动游戏研发小组"常态"研修记录之三

活动时间	2018-03-23	团队成员	郑璐娜、钱伟圆、张赢之、钱汝渊、 王加冕、郭玲、孙伟飞、徐敏
内容实录	王加冕：当蓝队小朋友找到红队的宝盒时，为了不让红队找到，就将宝盒藏了起来，导致红队无法根据地图上的点标找到宝盒。 钱汝渊：还是有个幼儿没有根据点标顺序完成，看到哪个盒子，就先找哪个？如何更科学地让幼儿自己进行打卡验证？ 张赢之：其实定向运动不一定只局限于大班玩，小、中班也可以玩。对于幼儿藏宝盒的行为，我们可以不一定以找宝盒的形式进行定向运动。可以尝试进行积分定向游戏，这样教师准备工作不用很烦琐，只要找到点标打卡就行。		
发现问题	1.地图不够规范，如比例、路线标识等。 2.定向游戏的打卡形式不够丰富，研修方向走错，并没有关注幼儿的运动方面，只关注如何"藏宝盒"。 3.只有大班年龄段的幼儿参与游戏，研修的广度不够大。 4.前期准备工作过于烦琐且容易出错。		
下一步行动	1.规范地图，如精确的比例尺、规范的路线标识等。 2.丰富自主打卡形式，如彩笔打卡、贴纸打卡、印章打卡等。 3.开展小、中、大年段定向游戏研修，讨论制定适合各个年段的游戏方案。		

表4-1-4 "闪亮之星"定向运动游戏研发小组"常态"研修记录之四

活动时间	2018-04-02	团队成员	郑璐娜、钱伟圆、张赢之、钱汝渊、王加冕、郭玲、孙伟飞、徐敏
内容实录	徐敏:我觉得像这种有照片的地图是适合小班的。因为小班幼儿是直观形象性思维,出示照片直观明了。 张赢之:像我们中班,我觉得还是需要有照片,但是照片取的点可以很小,比如就放一部分细节,让幼儿猜测。照片的顺序、对应地图上的方位都要比较准确。 郭玲:大班的孩子因为有了前期游戏经验的铺垫,对于定向运动游戏有了一定的认识,我们可以尝试加入新的东西。		
发现问题	1.小班和中班组的教师对于游戏缺乏实战经验,讨论制定的游戏缺乏可操作性,如小班的《美食总动员》、中班的《汪汪队救援行动》。 2.小班、中班的幼儿前期对定向游戏的认知经验缺乏。		
下一步行动	1.各个年龄段根据年龄特点和幼儿认知经验设计班级定向运动游戏方案,再进行游戏观察、调整。 2.通过谈话、教学等活动丰富幼儿的经验。		

表4-1-5 "闪亮之星"定向运动游戏研发小组"特色"研修记录——目标定位

班级	中班	研读人	郑璐娜、王加冕、徐敏
预诊断内容设计	聚焦目标: 1.看懂幼儿园一楼平面图,能按照地图中的点标顺序选择最佳路径快速找到点标。 2.动作协调、灵敏,完成相应运动挑战任务。 3.能积极思考,在活动中有合作、责任意识,感受游戏的快乐。		
预诊断过程实录	小、中、大三个年段教师分组体验,通过手机计时。中班组边老师说:"我们分开吧,一人去一个点,然后拿4张贴纸回来,最后再分一下就好了。"中班组的钱老师最先找到二楼的贴纸,她直接就将所有的贴纸拿下来,和同组的老师一起分起来。别组的老师怎么也找不到贴纸,因此浪费了很多时间。 图4-1-2 中班教师在分贴纸		
捕捉"关键点"	计时:使用秒表计时会更准确。 内容自选:运动任务可自选,增加合作项目。打卡点标最好是不可移动的。		
预诊断分析及调整	目标制定比较适宜,能够与组员合作、商量,完成运动任务挑战。但个人运动项目过多,如跳绳、拍球、跑步等,可以多提供些合作的项目,如骑车带人、"炒豆豆"等内容。		

表4-1-6 "闪亮之星"定向运动游戏研发小组"特色"研修记录——策略支持

班级	大班	研读人	钱汝渊、郭玲、钱伟圆
预诊断内容设计			根据地图上的点标位置，找到宝盒所在，根据宝盒上的任务卡完成相关运动任务，完成后获得盒内拼图碎片。最先将拼图完成，并找到拼图所指点标处的物品的队伍获胜。
预诊断过程实录			图 4-1-3　教师在不同点位放宝盒 教师两两分组后，很快根据地图找到了第一个点标处。钱汝渊在小阳台翻箱倒柜，半天都没找到。同组的王加冕在一旁着急地说："看地图！看地图！地图上的那个圈在哪儿，盒子就在那个方向。"之后，果然在圆圈附近找到了宝盒。发现宝盒上张贴有任务——拍球 10 个，于是两个人赶紧跑到操场上，找到篮球拍了起来。任务完成后，才打开盒子，拿到地图碎片。接着两人马不停蹄地又赶向下一个点标处，完成相应的运动任务，拿地图碎片，如此循环。当所有的宝盒收集完后，钱汝渊和王加冕拿着地图碎片拼了起来，发现地图所在地正是二楼办公室，立马跑向那里，找到了那封神秘的信。
捕捉"关键点"			教师在宝盒上增添运动任务卡，如跳绳 10 次、过障碍等，增添了定向运动游戏的趣味性，促进提升幼儿的任务意识。
预诊断分析及调整			大班幼儿对于"任务"有一定的兴趣，当完成一个小任务时，他们会非常有成就感。同时宝盒上增添任务卡，解决了之前定向游戏中促进幼儿走、跑技能的不足，幼儿在游戏中能体验到多种运动技能的运用和发展。但是宝盒藏得太好了，幼儿可能会因此失去耐心、会烦躁，进而对游戏的热情消退。这使得游戏过程中幼儿缺乏运动，而把重点偏移到"找宝盒"。因而，在设计地图的时候，教师应该将宝盒所在的确切位置，正确地圈在地图上，宝盒一定是在圆圈的正中心。

表4-1-7 "闪亮之星"运动区域研发小组"特色"研修记录——"哇时刻"试研

"哇时刻"试研内容	红蓝对抗赛	观察团队	"闪亮之星"运动区域研发小组
背景分析			两个大班的孩子在了解了定向游戏的基本规则后，分别进行了几次游戏，游戏前期孩子们一起讨论设计了很多运动项目，如跳绳 20 个、拍球 20 个、跑步 3 圈等，对地图进行了难度提升，从一楼的平面图（6 个点标）到一楼、二楼平面图（8 个点标）。游戏时幼儿自由组队（4 人一组）一起看地图，找点标，完成相应的运动项目。本次游戏时两个班打通一起进行 PK，重点观察大一班的汪钰坤、陈昕及大二班的王子川和屈逸洋。

续表

试研预期		具有较好的团队意识和竞争意识，能与同伴商量合作，选择最佳路径，快速找到所有点标并配合完成各项运动项目。
试研反馈情况	郑璐娜老师	汪钰坤和陈昕发现门厅顶上有宝盒后，耐心地一起合作尝试了多种办法，用软棒够，搬出小椅子、小桌子，自制组合套圈套，跑到二楼从窗户中捅等方法，坚持要把宝盒给拿下来，最后蓝队的王子川和屈逸洋一起想办法，最终拿到了宝盒。在这次合作拿宝盒的过程中，锻炼了抛、攀爬等运动技能，提升了器械组合运用的能力。
	钱伟圆老师	看到门厅上的宝盒后，汪钰坤对陈昕说："你帮我拿一下那边的体能棒，多拿几根。我去拿一边的滚筒。"说着两人跑到几十米外的器械处，拿来了相关材料，将滚筒竖放，拿着接过来的体能棒，将宝盒够了下来。
	郭玲老师	王子川和屈逸洋来到滑梯处。屈逸洋低着头说："我在下面找找。"王子川一听，马上调转方向，边往滑梯上跑，边说："好，我去上面找找。"
试研结果		蓝队在游戏中取得了胜利，他们能够正确识图，并且分工找点标，一起完成了骑车带人、拍球、跑步等项目，找最难的（大厅门口高处）点标盒子时，能坚持不放弃，锻炼手臂力量。

表 4-1-8　"闪亮之星"运动区域研发小组"特色"研修记录 4——"哇时刻"分析解读

运动区域	从"藏"到"帮"	记录人	郑璐娜、王加冕、徐敏
巧关注			合作运动、器械组合
现场实录			当发现门厅顶部的盒子时，王子川和屈逸洋一起找来了很多长条积木，并将它们拼在一起，然后拿来小椅子来够。费了好大的劲才把高处的宝盒拿下来，他看到红队的队员也在想办法拿高处的宝盒，就主动说："我来帮你们！"他们一起尝试了很多方法，用软棒够了很久也够不到，就搬出小椅子，站在小椅子上试了试，还是不行，又从美工坊搬出了小桌子，然后利用圈、绳组合在一起套圈，站在桌子上不断地甩圈，想把宝盒套下来，反反复复试了很多次，又跑到二楼用软棒从窗户中捅，可还是没有把宝盒拿下来，最后子川搬来了一个小滚筒，把滚筒放在桌子上，站在滚筒上用长钳子够，终于帮红队把宝盒拿到了。
发现"哇时刻"			蓝队能够在红队遇到困难的时候主动去帮忙，并一起想办法解决问题，在这次合作拿高处宝盒的过程中，红队的队员通过楼上楼下跑，自制套圈不断地抛高，不仅提升了器械组合运用的能力，还锻炼了走、跑、抛等能力。
质疑点			定向游戏中，宝盒放这么高，找到的难度太大，将游戏的时间拉长，也将幼儿游戏注意力转移了。每个点标位置的物品应该在幼儿的视线范围内，可以很明显，但需要在幼儿运动的发展区，通过不同的运动技能，如攀爬、跳等，来拿到宝盒。

我的思考：
1. 定向游戏的关键还是应该落在识图选路线这个方面，每个点标的物品应该精确、易取。
2. 每个宝盒上有幼儿自制的运动任务，又有拼图碎片收集任务，要考虑是否涉及的内容过多。

二、"运动未来星"运动区域研发小组

（一）研修预设方案

团队成员：

周楠、张璐炜、赵小春

研发内容：

PVC 管和饮水桶的组合

背景分析：

幼儿运动的重心已经从单纯训练基本动作转向使幼儿喜欢并积极参加快乐游戏活动，但是在幼儿园的日常活动中，教师发现小型单一的运动器械没有得到合理组合和利用，未能很好地发挥作用。只有通过教师、家长合作，共同开发利用现有资源，自制、改制适合幼儿需要的运动器械，才能更好地激发幼儿运动的兴趣。既能发挥教师的主动性、创造性，又能促进家园互动，丰富幼儿户外运动材料。根据材料的特性，利用 PVC 管和饮水桶组合，促进幼儿之间的相互合作，锻炼幼儿的平衡能力。

预期成效：

1. 提供废旧材料，有效利用 PVC 管和饮水桶，将其组合，开展游戏活动。

2. 鼓励幼儿大胆尝试并保持身体平衡，与同伴相互合作，顺利移动饮水桶。

3. 在游戏活动中，幼儿自主发现问题、解决问题，自主探索如何让饮水桶前进快和稳的方法，能与同伴分享交流自己的发现结果。

主要阶段：

第一阶段：利用家长资源，收集 PVC 管和饮水桶，在欣赏、观察与相互介绍的过程中，了解废旧材料的来源和用途。

第二阶段：对 PVC 管和饮水桶进行制作、加工，产生对废旧材料的兴趣和探究欲望。

第三阶段：饮水桶和PVC管组合的"一物多玩"可以从哪些方面入手？

第四阶段：引导幼儿与运动器械进行互动，在玩一玩、说一说等实践活动中，更充分感知PVC管和饮水桶材料的特性，体验参与运动的乐趣。

第五阶段：小朋友该如何配合，使"人力车"上坡成功？

第六阶段：在人力车游戏中，还可以设置哪些有挑战性的任务和情境？

（二）研修记录

表4-1-9　"运动未来星"运动区域研发小组"常态"研修记录之一

活动时间	2018-03-14	团队成员	周楠、张璐炜、赵小春
内容实录	问题一：饮水桶和PVC管组合的"一物多玩"可以从哪些方面入手？ 赵：本身这个运动区域的创设是以材料为介入点，那能不能增加幼儿的技能特点，譬如说是平衡或者团队的合作，等等。 张：还可以根据幼儿的身体协调，让组合成的小车动起来。 问题二：预设层次性的游戏玩法可以往哪个方向走？ 赵：让这辆组装成的小车动起来，前面肯定是需要幼儿的探索的过程，第一阶段基本是幼儿的尝试阶段，多配合，多合作。 张：在小车能够动起来的基础上，可以增加一些难度，比如说绕障碍物，增加一些坡度，让幼儿能够逐步地熟练控制这辆小车。 周：最后我们可以创设一个情境，增加一些角色，譬如说"交通城"，围绕这辆小车在马路上的开开停停，或者小车上的小朋友有自己的一个角色，有各的任务等方式来进行游戏。		
发现问题	前期的这些都是以预设为目的，利用饮水桶和PVC管进行组合需要在数量和组合方式上进行设计，并且要考虑它们组合后实际的应用。 幼儿在真正的实际操作中一般会发现新的游戏玩法，不按照老师设定的形式来走，教师要根据实际情况再进行更改。		
下一步行动	1.利用家长资源，收集并制作饮水桶和PVC管组合的小车，让幼儿进行实地操作。 2.观察幼儿在操作中探索的一些新玩法，及时进行调整和更改，逐步尝试将区域的内容具体化。		

表 4-1-10 "运动未来星"运动区域研发小组"常态"研修记录之二

活动时间	2018-03-20	团队成员	周楠、张璐炜、赵小春
内容实录	（小朋友实际玩了一轮之后，针对他们出现的一些问题进行讨论） 问题一：幼儿都想坐在车子的前面，发生争执，该怎么办？ 赵老师：玩好之后，教师组织幼儿进行谈话，让幼儿谈谈自己的想法，制定一些相关的规则，从他们的一些特点、兴趣出发。 张老师：教师先不介入，以观察为主，看孩子们如何去协调和解决这个问题。 问题二：小朋友之间动作不协调，导致人力车不能前进，如何处理？ 周老师：比如说可以将这个场景拍摄下来，组织幼儿观看，找一找其中的原因，想一想解决的办法。例如，可以推选一个队长进行指挥，按照一定的指令进行操作，等等。 赵：让小朋友探讨前进的办法，请孩子们来说一说，教师再进行总结。鼓励幼儿再次尝试。		
发现问题	幼儿对于"独特"的人力车兴趣比较浓厚，非常喜欢去玩，但中班幼儿在合作能力上还比较欠缺，更多的是以自我为中心，需要教师适当地引导以及制定一定规则。		
下一步行动	1. 教师拍摄幼儿进行活动的照片、视频，组织幼儿观看并进行适当总结。 2. 在日常的活动中，让幼儿多以合作为目的，与同伴之间相互配合进行游戏。 3. 在游戏过程中发现问题，自主进行规则制定，增强规则意识。		

表 4-1-11 "运动未来星"运动区域研发小组"常态"研修记录之三

活动时间	2018-03-28	团队成员	周楠、张璐炜、赵小春
内容实录	问题一：人力车容易翻，器械是否需要适当调整？ 周老师：幼儿根据视频找出人力车容易翻倒的原因，让幼儿自主协商位置的坐法。 张老师：可不可以在人力车上进行外延，以三角支撑的原理，增加一个横杠，使人力车更加稳固？ 问题二：幼儿不能灵活地绕过障碍物，致使人力车不能前进。 赵老师：可以借助其他的工具，例如海绵棒等支撑，使之前进。 周老师：再延长障碍物摆放位置的距离，让人力车能更容易地通过。 张老师：通过障碍物的时候，幼儿自主协商，减少幼儿人数，减轻人力车的重量，便于人力车通过。		
发现问题	幼儿自主探索人力车的前进方法，但是动作还不够协调，需要借助工具或同伴使人力车前进。通过障碍物时，许多幼儿都不愿意下车，致使人力车难以通过。		
下一步行动	1. 创造更多的机会，让幼儿在人力车上多次练习，引导幼儿掌握正确的训练技能，提高动作协调能力。 2. 组织幼儿探讨人力车前进时易出现的问题，探讨通过障碍物时可以怎么做，进一步增加幼儿的合作意识。		

表4-1-12 "运动未来星"运动区域研发小组"常态"研修记录之四

活动时间	2018-04-06	团队成员	周楠、张璐炜、赵小春
内容实录	（增设斜坡之后，人力车很难上坡） 问题一：小朋友该如何配合，使人力车成功上坡？ 张：譬如说，坐在最后一排的小朋友下车向前推，使之前进，前面几排的小朋友相互配合，移动滚筒。 赵：按照位置分配，轮流踩滚筒，交替进行，使人力车慢慢上去。 问题二：人力车在行进到一半的同时，因为重力的原因，时有滑坡现象发生，存在一定危险性，该如何减少或者避免？ 周：假设在一个点绑上麻绳，幼儿借助麻绳的力量并踩踏人力车进行上坡，当出现滑坡现象的时候可以抓紧麻绳，找一个支撑点。		
发现问题	出现麻绳以后，幼儿主动利用的是手臂力量，腿部力量减弱，没有很好地利用人力车的一些功能，幼儿的兴趣点发生了转移，使得他们的技能没有很好地提升。		
下一步行动	1.创设游戏情景，引导幼儿更多地去利用手部和腿部的力量，使得他们的技能得到相应的提升。 2.引导幼儿自主探索人员分配，例如：前排幼儿先利用手部力量拉麻绳，后排幼儿先踩滚筒，交替进行。		

表4-1-13 "运动未来星"运动区域研发小组"常态"研修记录之五

活动时间	2018-04-12	团队成员	周楠、张璐炜、赵小春
内容实录	问题讨论：在人力车的游戏中，还可以设置哪些有挑战性的任务和情境？ 赵：现在孩子们对人力车兴趣度还是比较大，我们可以设置一些光滑和粗糙的路面，让孩子们感在不同路面上行驶人力车力度的不同。 张：可以创设"交通城"游戏，在有指示路标的情况下减速行驶，不能碰倒路边的房子。 周：可以创设成公交车站情境，贴上数字提醒大家乘客上车的数量，融合一些数学元素，可以让孩子们在游戏中学习和运用数学知识。 赵：不同车辆与人力车进行比赛，比一比，哪辆车会比较快？		
发现问题	1.在探索粗糙和光滑的路面时，人力车在光滑的路面行驶中比较不稳定，容易翻车，需注意安全。 2.在行驶的过程中，孩子们的合作性和协调性还需加强。		
下一步行动	1.帮助幼儿总结和梳理合作骑人力车过程中出现的问题，大家一起想办法解决。 2.在游戏后进行分享，说说在粗糙和光滑的路面行驶的体会。 3.再投放几辆人力车开展比赛游戏，培养幼儿的竞赛意识。		

表 4-1-14　"运动未来星"运动区域研发小组"常态"研修记录之六

活动时间	2018-04-17	团队成员	周楠、张璐炜、赵小春
内容实录	问题讨论：游戏中，人力车还可以和哪些材料进行有效组合，拓展游戏内容？ 周：可以投放一张大网，让孩子骑着人力车钻过，就像钻隧道一样。 赵：鼓励幼儿尝试是否可以将人力车变成一列长火车。当几辆人力车连在一起，变成一列长长的火车，单辆和多辆人力车向前行驶的速度是不一样的，让孩子自己发现其中的秘密。 张：设置一些比赛类游戏，前往起点运东西到终点，几辆人力车一起出发，看哪队先完成任务。			
发现问题	1. 比赛类的游戏深受幼儿喜欢，但是规则意识方面还是比较欠缺，容易违反游戏规则。 2. 当人力车满座时，有部分孩子还是要挤上去，导致人力车不稳。			
下一步行动	1. 可以尝试穿梭走廊中，邀请弟弟妹妹来坐上人力车。 2. 提供辅助装饰材料，如布、纱等，可以试着把人力车装饰成观光车，边行驶边报站点。 3. 发现问题，与幼儿一起商定规则，拓展幼儿游戏内容。			

表 4-1-15　"运动未来星"运动区域研发小组"特色"研修记录——目标定位

班级	中三班	研读人	周楠、张璐炜、赵小春
预诊断 内容设计	人力车在上坡时和在平地时相应的着力点不同，教师通过改变前后坐的位置、踩在滚筒上光滑面和粗糙面的不同进行尝试，探索人力车前进的方法。			
预诊断 过程实录	在探索人力车前进的方法时，两位老师都很用力地踩滚筒，人力车不能顺利前进。于是两位老师便商量着互换位置，继续踩滚筒，再次尝试，两位老师都踩在滚筒的光滑面上，可是发现滚筒很容易打滑，并且滚筒容易塌陷，很难有着力点。我们又进行了调整，踩在滚筒的两侧，发现滚筒粗糙的一面更容易受力。 图 4-1-4　教师尝试踩滚筒让人力车前进			
捕捉 "关键点"	在人力车上坡的过程中，老师们发现了踩在滚筒的光滑面和粗糙面的不同之处，踩光滑面容易打滑，踩粗糙面，增大摩擦，更容易使滚筒前进。			

续表

预诊断 分析以及调整	1.在平常的游戏活动中，创造更多的机会，让幼儿自主探索光滑与粗糙的不同之处。 2.多让幼儿尝试有助于提高腿部力量的游戏活动，例如：攀岩。 3.组织幼儿进行谈话，让幼儿说说游戏中存在的问题，引导他们，助推游戏的发展。

表 4-1-16 "运动未来星"运动区域研发小组"特色"研修记录——策略支持

班级	中三班	研读人	周楠、张璐炜、赵小春
预诊断内容 设计	探究人力车在平地和上坡运货时前进速度的不同。教师采用观察法、语言引导、肢体暗示等策略去关注幼儿在游戏中的行为。		
预诊断 过程实录	我们坐在人力车上，把小拉车用绳子绑在人力车的尾部，两人一起合作向前踩，人力车在平地上开始行驶，货物也跟着前进。到了上坡，我们刚开始踩得比较费劲，人力车不太能前进，我们马上尝试一起喊口令，并一起往前踩人力车，车子稍微前进了一点，在行驶的过程中，我们发现当脚踩在有纹理的饮水桶上用力蹬车时，人力车前进的速度就会变快，摩擦力帮助我们的人力车前进。		
捕捉 "关键点"	在探索的过程中，发现脚在饮水桶上的着力点会影响人力车前进的速度。踩在光滑或粗糙的饮水桶面上，运货物的人力车的前进速度也是不同的，这是我们在游戏体验中的发现。		
预诊断 分析及调整	当游戏停滞不前或者遇到瓶颈时，教师以游戏者的身份体验游戏，在探索的过程中，发现游戏中一些更有价值的玩法和秘密。在这次的体验中，我们发现，当脚踩饮水桶的两侧时，会产生摩擦力，从而助推人力车前进。后续，我们会尝试运不同的货物上坡，探索人力车前进速度的变化。		

表 4-1-17 "运动未来星"运动区域研发小组"特色"研修记录——"哇时刻"试研

"哇时刻" 试研内容	人力车 爬上坡	观察团队	周楠、张璐炜、赵小春
背景分析	幼儿在人力车前进时相互配合，协调性有了提升。路面坡度的变化使得幼儿在行进中遇到了困难。在单方面借助外界的力量试图将人力车拉上去的时候，对于幼儿的目标达成又有所欠缺，因此将这一项目单独提出，让幼儿进行进一步的探索，挖掘其中更有利的价值。		
试研预期	提供软棒、木板、麻绳等工具，让幼儿借助这些材料，结合幼儿自身力量去踩踏滚筒，有一定指令的交替进行，使人力车顺利上坡，锻炼幼儿手臂力量和腿部力量，提升幼儿之间的合作能力。		
试研 反馈 情况	赵老师	单独提取这一块内容，让幼儿针对这一块的内容自主探索，根据"上坡"这一情景，借助多种材料，让幼儿有了更多的选择权。	
	张老师	在人力车前进的过程中，幼儿借助材料，不仅可以锻炼手臂力量，还可以锻炼腿部力量。	
	周老师	在借用材料时，幼儿的兴趣大多转移到了材料上，没有很好利用人力车本身的特点，忽视了幼儿技能的提升。	

续表

试研结果	在人力车爬上坡时，幼儿借助材料，使得人力车顺利上坡，增强了幼儿与同伴的合作意识。在游戏中，教师应注重观察幼儿技能方面是否达到一定的要求。当出现状况，幼儿不能解决时，教师可以进行引导，增设游戏情景，例如："开车时需要手脚并用，才能开得快"，转移幼儿对材料的注意力，帮助幼儿获得有效的技能提升。

表4-1-18 "运动未来星"运动区域研发小组"特色"研修记录——"哇时刻"分析解读

运动区域	交通城	记录人	周楠、张路炜、赵小春
巧关注	人力车行进时发生故障的情况下，幼儿发现问题、解决问题的能力。		
现场实录	壮壮说："我们去北京玩吧！你快踩呀。"说着，他拍了拍前排小朋友的肩膀。于是每个小朋友都使出最大的力气，齐心协力踩滚筒，人力车开始慢慢向前行进了。突然，人力车发生了一些故障，有一个滚筒怎么踩也踩不动，还发出咯咯咯的声音。后排的小朋友都下了车，一起查看滚筒踩不动的原因，壮壮说："别急，让我来看看！我一定能把它修好。"壮壮说："我发现了滚筒下面有一个小石头，我去取出来。"壮壮取出了小石头，人力车前进了，大家都笑了。		
发现"哇时刻"	当人力车出现故障，遇到困难时，幼儿都能积极参与，发现原因，与同伴协商解决问题。壮壮擅于观察，爱动脑筋，能大胆尝试、探索修滚筒的方法，有自信心，在探索时失败过，可是并没有因此放弃。借用木棒和海绵棒，使人力车能顺利前进。		
质疑点	当人力车出现故障时，幼儿尝试失败后，教师该不该介入，适时引导，还是继续观察。		

我的思考：
幼儿都喜欢新鲜的事物，当一个幼儿提出想法后，其他的幼儿都会按照他的想法去做。当发现问题时也是一样，中班幼儿大多是以具体形象思维为主，需要同伴们的帮助和教师的适时引导。当出现问题，幼儿与同伴协商解决不了时，教师可以介入，组织幼儿集体讨论，引导幼儿说说游戏中出现的问题，让幼儿自主探索、寻找问题的原因，提高幼儿发现问题、解决问题的能力。助推游戏更好的发展。

三、"百变大绳"运动区域研发小组

（一）研修预设方案

团队成员：

刘丽丹、虞瑞丹、崔许霞

研发内容：

绳的"一物多玩"；绳子与器械组合游戏的开发。

背景分析:

绳子相对于幼儿园其他运动器材来说是常见、易得、低成本的体育器材。绳子轻便、易拿的特性非常受幼儿的喜欢;"走、跑、跳等基本动作发展"中对于大班幼儿跳绳的要求是能够连续跳绳,这对幼小衔接中对幼儿要求的达成有着深远的影响。

同时绳子的"一物多玩"和其他材料的组合玩法是不常见到的,研修绳子多变、组合的玩法,将绳子与传统民间游戏相结合,让幼儿体会到民间游戏的魅力。

预期成效:

幼儿能知道各种有趣的绳子不仅局限于跳绳,在玩绳过程中,自己发现,同伴合作发现,创造出绳子的不同玩法。在教师引导下,利用走、跑、跳等运动技能,创造单一绳子的玩法,绳绳组合的玩法,与同伴合作,结合绳子与其他材料进行创意游戏,增强不同年龄段幼儿身体的柔韧度、协调性,增加幼儿交往的机会。

主要阶段:

第一阶段:收集各种各样适合进行体育游戏的绳子,如:跳绳、牛皮筋、粗麻绳或稻草绳等。

第二阶段:挖掘各种绳子的多种创意玩法,设计各种绳子游戏,达到"一绳多玩"的效果。

第三阶段:在玩绳子游戏的过程中,结合幼儿的游戏情况,优化绳子游戏。

第四阶段:幼儿学会将器械和绳子进行组合,变成新的器械,再进行游戏。

（二）研修记录

表 4-1-19　"百变大绳"运动区域研发小组"常态"研修记录之一

活动时间	2018-03-15	团队成员	刘丽丹、虞瑞丹、崔许霞
内容实录	户外游戏时，大部分幼儿看到游戏材料跳绳，都很自主地拿起绳子跳了起来，在跳绳中幼儿会不断给自己数数，达到小目标后就把绳子收起来了，也不知道该去玩什么了。天天的跳绳能力比较强，每次都能很快完成小目标，完成后就把绳子收起来看着别人玩，有时也会给其他幼儿数数。			
发现问题	1. 大班幼儿跳绳技能掌握得比较好，但幼儿思维被限制，认为绳子玩法只有一种。 2. 跳绳中没有产生过多的同伴交往与互动。			
下一步行动	1. 活动前谈话引导：在户外活动前先带领幼儿进行有目的的谈话，幼儿能充分地思考并说出绳子的创意、多变、组合玩法。 看视频和图片获得灵感：在观看视频时动态地感受其他幼儿的创意玩法，再结合自己的游戏玩法和游戏场景来思考可以怎样玩得更有意义。			

表 4-1-20　"百变大绳"运动区域研发小组"常态"研修记录之二

活动时间	2018-03-21	团队成员	刘丽丹、虞瑞丹、崔许霞
内容实录	户外自主游戏中，安睿提出将绳操中"钻小鱼"游戏结合到绳子游戏中：可可和乐乐两姐妹邀请锵锵，说："你先等一下，我们拉住，看你能不能钻过去。"说着，两人分别握住皮筋两端，拉直举高，锵锵下腰过线成功！这时两姐妹不断将皮筋拉低，让难度提升，锵锵难以过去，锵锵尝试了多次，先是膝盖弯曲走，再是侧身过线，虽然失败了两次，但依然坚持挑战。			
发现问题	1. 发现同伴需求的增加（一个人玩不了）：幼儿在玩中会不断地讨论游戏的玩法和自己的想法，但也会发生争执，导致游戏中断。 2. 幼儿想法会被其他兴趣物给吸引，幼儿的注意力持久度较低。			
下一步行动	1. 在适当时机教师适当介入，引导幼儿尝试解决问题。 2. 增加游戏种类，减少干扰因素（不相关器械）。			

表 4-1-21　"百变大绳"运动区域研发小组"常态"研修记录之三

活动时间	2018-03-29	团队成员	刘丽丹、虞瑞丹、崔许霞
内容实录	晨间活动时，大部分幼儿都在练习跳绳，有的在单人跳，有的在双人合作跳。五分钟后沈乾、伍万和乐乐三个人合作玩起"跨跳"游戏——沈乾和伍万拉紧绳子，乐乐从一边跨跳到另一边。这一跳，吸引了班里其他的小朋友，于是他们轮流由两个小朋友拉绳子，其他小朋友玩"绳子跨跳"游戏。			
发现问题	同伴拉绳配合不默契：没有商量出标准高度，导致绳子一高一低，总不在同一个高度。			

续表

下一步行动	1.抓拍"争执"视频,活动后给幼儿播放,引导其回忆,鼓励其他幼儿提出解决方法。 2.鼓励幼儿尝试新玩法"跳大绳"。感受一下多人玩绳乐趣,较好感受合作运动的意义。

表 4-1-22 "百变大绳"运动区域研发小组"常态"研修记录之四

活动时间	2018-04-11	团队成员	刘丽丹、虞瑞丹、崔许霞
内容实录	"今天又可以玩绳了!"轩轩说,其他孩子也显得十分兴奋。经过上一次游戏后,孩子们玩得更加投入,这次教师提供了麻绳,突然贝贝提出:"刘老师,我的麻绳能不能和其他材料一起玩?"教师肯定她后,她去找来了万能工匠(升降椅),琪琪告诉贝贝:"你看这个万能工匠可以直接代替拉的小朋友,可以绑在上面。" 楠楠还尝试了空手翻,吸引了其他同伴。 图 4-1-5 幼儿们一起研究麻绳的玩法		
发现问题	1.在游戏中出现的困难是,在绑麻绳时,幼儿难以固定麻绳,大多不会打结,即使有的会打结也打得很松;有的幼儿打死结之后难以解开,需要打活结。 2.在教师观察后,发现有的幼儿参与度不高,班里一些不太主动的幼儿,他们都是跟着其他同伴玩,很少提自己想玩。		
下一步行动	1.老师事后需要反思,为什么有的幼儿不愿意参加,在观察中发现,一些内向的幼儿好多次都想要和同伴说说自己的想法,但因为性格问题不敢说出口。这时,教师可适当介入,鼓励该幼儿大胆表达自己想法,勇于说出自己看法。 2.打活结是一个难点,教师可以通过在各班进行集体教学,学习打活结方法,以视频、实践体验等方式,让每一个人都尝试学习打活结。		

表 4-1-23　"百变大绳"运动区域研发小组"常态"研修记录之五

活动时间	2018-04-18	团队成员	刘丽丹、虞瑞丹、崔许霞
内容实录			

活动时间	2018-04-18	团队成员	刘丽丹、虞瑞丹、崔许霞
内容实录	今天教师抛出一个问题："可以把你们组合的新器械设计成挑战道路吗？"鑫鑫开始把绳子和攀岩墙结合，进行攀爬游戏；贝贝把绳子和海盗船的梯子结合，进行攀爬游戏；当孩子们玩到一半时，周嘉琪提出："嘿，我们要不把自己拼的都放到一起吧，这样大家可以一起玩！""放一起怎么玩？像挑战一样吗？""要不我们来一个竞赛吧，把大家拼的都放到一起，大家分成一队一队的，然后比赛！"大家你一言我一语。得到所有幼儿的同意后，大家开始设计比赛道路，还请教师进行计时。		
发现问题	1.游戏中形成了一个大循环游戏，但由于幼儿设计的障碍有些较难，需要花时间去挑战，因此，出现了消极等待的情况，有的幼儿虽然很想挑战，但等待的时间有点长时会出现小抱怨。 2.游戏挑战缺少规则，有的幼儿会选择简单的方法去挑战，场面有些无序，该幼儿锻炼的机会与次数就比其他人少。		
下一步行动	1.教师适时介入，或者在玩之前教师有个谈话活动，引导、组织幼儿自由分组，商量组合"玩具"（谁搭建什么，怎么组合），画出设计图。 2.引导幼儿制定每个组合器械的规则和玩法。 3.将当天拍摄的视频放给幼儿观看。让幼儿来找一找问题，请幼儿提出解决方法，同时教师抛出焦急等待的问题，引导幼儿设计多条线路。		

表 4-1-24　"百变大绳"运动区域研发小组"特色"研修记录——目标定位

班级	大班	研读人	刘丽丹
预诊断内容设计	本次研修的目的是观察幼儿能想出多少种绳子和动作的组合玩法，因此分别准备了麻绳、跳绳、长绳、草绳、牛筋绳等绳子，结合预设目标："能尝试根据走、跑、跳、投、攀、钻、爬等动作，设计出不同的绳子玩法。"在操场上讨论，教师亲自探索不同材料的绳子可以怎么玩，同时预先试验本次提供的材料是否有利于激发幼儿"一物多玩"的兴趣。		
预诊断过程实录	刘老师：我认为因绳子材料不同，幼儿一定会先观察这些绳子，不会先玩。大班幼儿可能想要先跳一跳这些不同的绳子。草绳有点硬，可以跳但跳不了多久；麻绳太细了，不好跳；长绳很长，但折一折就能跳了；牛筋绳和普通跳绳差不多，弹性比较好。 虞老师：这些绳类材料确实很多，所以要在跳之前给幼儿时间去观察，了解这些不同材料的绳子，再引导幼儿和这些绳子"做游戏"，教师需要前期引导和谈话。 崔老师：如果不去强调和引导幼儿，幼儿大概只会跳绳，而不会有很多动作和绳子结合，所以我认为幼儿要达到"设计出不同绳子玩法"的目标，必须有一些经验，可以让幼儿说一说自己的想法，幼儿做不到，看到绳子就可以直接玩，教师需要不断引导。		

续表

捕捉 "关键点"	1.教师发现如果不强调绳子与动作的结合，幼儿可能会自顾自地跳绳，不能达到目标。 2.幼儿不会一直按照教师的想法走，因此教师需要在幼儿游戏过程中不断引导，可以给幼儿示范，不断激发他们产生更多的想法。
预诊断 分析及调整	教师在体验过程中，发现幼儿不会像教师一样按照原有计划或想法进行绳子游戏，他们会被各种不定因素干扰或"打断"，因此在目标中需更加细化、聚焦，做一定改动，原先的"不同"范围太大，其实每个幼儿能想出两三种动作与绳子结合的玩法就很不错了，因此将目标调整为："能尝试根据走、跑、跳、投、攀、钻、爬等动作，设计出三种绳子玩法。"

表 4-1-25　"百变大绳"运动区域研发小组"特色"研修记录——策略支持

班级	大班	研读人	虞瑞丹
预诊断内容 设计	因有幼儿提出翻花绳也是绳子游戏的一种，因此本次教师再一次集中讨论如何用策略去支持、教授幼儿翻花绳的技巧，结合"幼儿分享、教师示范、前期介绍"这三个小策略，亲自探索幼儿翻花绳游戏，以期提高幼儿游戏能力。			
预诊断 过程实录	崔老师：我喜欢挑选自己喜欢的颜色来玩，所以幼儿可能会有所争抢，因此教师在摆放绑绑线时不可将其全部混在一起，否则可能会发生孩子一哄而上甚至争吵的现象。 刘老师：我会玩，所以当翻出一个花样时特别想和同伴分享，这就是老师需要关注的推进的点；给他们大胆表达的机会，同时也给不会翻花绳的孩子提供帮助。 虞老师：我是不会玩的，我都玩不下去，孩子也是；因此翻花绳的经验积累很重要，可利用班级区域游戏时间、午间休息时间、放学回家的亲子时间让幼儿练习。 刘老师：我和同伴玩了很多次，之后我们应该干什么？这是需要思考的地方。			
捕捉 "关键点"	1.教师在幼儿游戏中需要不断指导个别不熟练的幼儿才能帮助该幼儿顺利地进行游戏。 2.幼儿翻花绳经验很重要，前期要做好大量准备工作，在游戏最后要和幼儿进行谈话，梳理总结失败的原因。			
预诊断 分析及调整	教师在体验过程中想到，如何让幼儿翻花绳的能力得到提升；由于幼儿的能力强弱不同，在翻花绳时有的速度快，有的速度慢，这就需要一张表格来记录，由教师共同设计，记录幼儿游戏过程。 因此，根据以上三位教师体验的过程，在原有基础上，增加一个"设计统计表"，体现幼儿边玩、边记、边总结的能力。			

表 4-1-26 "百变大绳"运动区域研发小组"特色"研修记录——"哇时刻"试研

"哇时刻"试研内容	《我们绳子不一样》	观察团队	"百变大绳"运动区域研发小组
背景分析	在户外活动时，幼儿选择了玩绳，他们想出了各种不同的玩法，有的用绳子"踩钢丝"；有的几人合作玩"炒黄豆"；有的合作拉绳取球，等等；但总是用单一材料，教师思考如何将他们想出的活泼多样、生动有趣的玩法和器械有机结合。		
试研预期	1. 能一人创造出一种创意玩法，同时选择一样器械开展组合游戏。 2. 在游戏中能出现较多的同伴交往，合作玩绳。		
试研反馈情况	刘老师	大班幼儿确实能演变出各种绳子的玩法，其中安安想到可以两人合作，把绳子绑在腰上，进行投掷游戏，让人印象深刻。	
	崔老师	在游戏过程中，一开始可可、乐乐交往频率不高，但在教师介入引导后，她们马上能理解教师意思，从一个玩绳方式到形成穿越火线、匍匐爬、跳格子三个游戏。	
	虞老师	小雄很有领导能力，他让松松拉绳子，顺顺搭建锥形障碍物，贝贝打结，还告诉男孩子要让女孩子先玩。但游戏中也不难发现有些内向的幼儿也十分想尝试当"领头人"。	
试研结果	大部分幼儿能在教师引导下设计出绳子与器械结合的多种玩法。他们的兴趣点很高，产生了与攀岩墙的结合，与海盗船的绳梯结合，进行攀爬游戏等。在能力强的幼儿占主导地位后，一些胆小内向的幼儿就很少有表现的机会，本次活动没有考虑到幼儿的个体差异，这是需要教师日后思考的。		

表 4-1-27 "百变大绳"运动区域研发小组"特色"研修记录——"哇时刻"分析解读

运动区域	百变大绳区域:《巧过天线》	记录人	崔许霞
巧关注	幼儿是否能利用多种方式过天线，提高其身体柔韧性。		
现场实录	可可和乐乐跑去邀请锵锵说："我们拉住，看你能不能钻过去。"说着，两人分别握住草绳两端拉直并蹲下，锵锵开始不知如何过去，只是后仰脑袋，两次后就因重心不足摔倒。但爬起来后依旧不放弃，又采取脑袋后仰的方式，这次她旋转了身体，稍侧身就成功了。她很高兴又尝试一次，这次可可提出把绳子高度降低。锵锵脸上面露难色，走到天线前，慢慢地将头、脖子、肩膀、腰部后仰，再右脚交错小步移动。成功了，她高兴地跳了起来，和可可分享自己的经验，说："这样慢慢下去，坚持住就能过啦！"		
发现"哇时刻"	在游戏中该幼儿（锵锵）注意力集中，能对游戏保持高度的兴趣，她的坚持让老师刮目相看。由于她参加过舞蹈团，柔性比其他幼儿好一些，因此在玩的过程中比较懂得如何把控身体，让自己过线。当可可调整高度后，她知道难度增加了却没有放弃，虽然动作缓慢，但成功了。该幼儿还是一个懂得分享的幼儿，成功后会与同学分享自己的小诀窍：高度高，下腰过；高度低，弯腰过、侧身钻，还鼓励不敢尝试的幼儿挑战"过天线"。		
质疑点	该如何让幼儿既保持兴趣又注意力集中，教师也反思这个幼儿自发的运动是否适合大班幼儿，该如何做好安全措施。下腰不是每个幼儿都能做到的，而且存在一定危险（若后仰过度，后脑易着地）。		

续表

我的思考:
通过案例发现,教师介入时机,需要考虑。在案例中,教师如果在幼儿尝试失败后马上提出解决方案,幼儿就没有思考和实践的时间,减少了锻炼他们解决问题能力的机会。在整个活动的组织中,教师的角色定位也同样重要。教师要善于发现幼儿的闪光点,相信幼儿是可以做到的。像案例中的锵锵,在班级中并不出挑,个性也比较平稳,教师也没有想到她会一直坚持且成功,但她能根据困难程度不断调整自己的"过天线"方式,这是老师需要深思的,在各个方面都要平等看待幼儿。

四、"绳子遇见烟囱"运动区域研发小组

(一)研修预设方案

团队成员:

陈燕、费浙云、周安琪、孙邱瑶

研发内容:

借助旋转烟囱的平台及环形围栏,研发绳子的"一物多玩"。

图4-1-6 旋转烟囱平台及环形围栏

背景分析：

"旋转烟囱"作为一个特色大型玩具，幼儿对其充满了兴趣，"旋转烟囱"二楼的环形平台是目前从烟囱中挖掘出来的特色游戏区域，有间隙的围栏造就可视的高空游戏场，其上下空间都具有可挖掘的游戏潜能，但平时的利用率低，只是将其当作普通的场地进行游戏，幼儿在其中也没有任何运动技能的提升，因此研修小组就策划在烟囱环形平台上锦上添花，从绳子入手，借助烟囱环形平台以及围绕烟囱的内、外环形围栏创设运动环境，境与物结合，挖掘烟囱的场地价值以及绳子的"一物多玩"功能。

预期成效：

1.提高幼儿钻爬、跨跳等运动技能。把绳子和烟囱环形平台结合起来，幼儿在游戏过程中，有效提升爬、跳等运动技能。

2.挖掘烟囱运动价值，丰富幼儿的运动游戏情境。在运动过程中，幼儿会创设出属于自己的情境性游戏。

主要阶段：

第一阶段：研修小组设计挖掘运动区域的环境。

第二阶段：教师试玩发现不足之处并做出调整。

第三阶段：部分幼儿初次尝试，教师观察记录并进行反思。

第四阶段：区域调整后，幼儿再次尝试，参与烟囱运动环境创设，教师对游戏过程进行学习故事的撰写。

（二）研修记录

表 4-1-28　"绳子遇见烟囱"运动区域研发小组"常态"研修记录之一

活动时间	2018-03-20	团队成员	陈燕、费浙云、周安琦、孙邱瑶
内容实录	孙邱瑶：用什么绳子给小朋友玩比较合适？我觉得第一次玩用小朋友们熟悉的跳绳比较合适，而且跳绳也有一定的弹性。 费浙云：在烟囱的环形平台进行游戏，首先让小朋友拿着绳子到烟囱上面自己绕着玩，老师要观察小朋友会怎么玩。 周安琦：其实烟囱围栏两端还是比较宽的，可能跳绳不够长，到时候可以引导幼儿把两根跳绳接起来。 陈燕：老师可以帮助小朋友把两根跳绳打结接起来。 图 4-1-7　教师"头脑风暴"时记录的思维导图			
发现问题	小班幼儿的基本动作整体水平比较低，平时在平地上跨跳，有些幼儿不敢尝试，如果在烟囱环形平台进行跨跳，可视的高空运动操作，会不会造成更多的幼儿不敢去尝试，如果发生这样的情况，教师又该怎样去引导？			
下一步行动	借助绳子创设烟囱环形平台的运动情境，让幼儿实地玩一玩，教师去观察和发现幼儿的玩法，去分析接下来如何引导幼儿去玩。			

表 4-1-29 "绳子遇见烟囱"运动区域研发小组"常态"研修记录之二

活动时间	2018-04-13	团队成员	陈燕、费浙云、周安琦、孙邱瑶

内容实录	陈燕：今天我们对第一次讨论的方案进行了实地的操作并让小朋友试玩，小朋友能够用自己的方法进行游戏。一名小朋友首先想到了从下面钻过去，于是后面的小朋友也纷纷开始模仿钻爬。 费浙云：第二轮游戏时我引导小朋友想想还能怎么玩，结果有小朋友想出了从上面跨着走过去，在走的过程中，有一位小朋友自发地去把绑在烟囱栏杆上的绳子进行调节。 孙邱瑶：在游戏中，我发现有一位小朋友自己跑去把贴着烟囱柱子一端的跳绳往下移，降低了绳子的高度。 图 4-1-8 幼儿自主地把绑在烟囱柱子一端的栏杆上的绳子高度进行调整
发现问题	在试玩过程中，幼儿从简单的钻爬行进到跨走，尝试了两项动作技能，其实幼儿可以发展更多的动作技能，接下来该如何引导或者创设烟囱环形平台环境来拓展幼儿的动作技能呢？
下一步行动	调整跳绳的摆放，借助烟囱内、外环形栏杆小间隔排列，将跳绳从原来的平行改成交叉、错落的绑法，让幼儿进行探索游戏。

表 4-1-30　"绳子遇见烟囱"运动区域研发小组"常态"研修记录之三

活动时间	2018-04-19	团队成员	陈燕、费浙云、周安琦、孙邱瑶
内容实录	 图 4-1-9　幼儿扶杆走 费浙云：此次研修时教师先将跳绳进行了难度上的调整，从原来的平行线改成了交叉错落，在预设好之后，老师们先进行了试玩，而小朋友在玩的时候发现跳绳变多了，于是又选择了钻爬过去。 陈燕：这一次的跳绳有点多，距离也长了，小朋友玩的兴趣更高了，在玩的过程中发现跳绳绑的高度好像有点偏高，小朋友需要互相扶着或者扶着烟囱环形平台上的栏杆才能跨着走过去。 孙邱瑶：我引导一个小朋友去把跳绳往下移一点，但是他只是把其中的一根跳绳往下移了一点点。可能是跳绳绑在铁的杆子上比较难移吧。 周安琦：这次是通过我们老师自己预设好了游戏让小朋友玩，小朋友愿意参与投入，那么下次我们要怎么去维持小朋友的参与度呢？		
发现问题	绑结对于小班幼儿来说还存在一定的难度，想要增强幼儿的兴趣，维持幼儿的参与度，需要改变烟囱环形平台环境，给跳绳内容设置挑战。教师需要思考的是如何让幼儿自己去结合烟囱和绳子创设环境，以及教师之前预创的环境后期需要如何继续去拓展。		
下一步行动	提供不同的绳子和夹子，借助烟囱环形平台让幼儿尝试自己创设环境，探索跳绳的玩法。		

61

表 4-1-31 "绳子遇见烟囱"运动区域研发小组研修记录——目标定位

班级	小班	研读人		费浙云、孙邱瑶
预诊断内容设计				在整个游戏过程当中，通过把绳子绑在旋转烟囱的内、外环形围栏上，让幼儿从绳子的一面以自己的方式移动到另一面，以发展幼儿跨跳的动作技能为主，附带发展幼儿的协调性和灵活性。
预诊断过程实录				绳子绑好之后，教师进行了第一次体验，一步一步地走过绳子，边走边说："其实这样一步步走过去还是蛮有意思的，能力强的小朋友也可以从上面跳过去。"瑶瑶也说："是的，但是有的绳子会不会绑得太高了，孩子们跨跳过去，其实是有一点难度的；我们老师跨过去，都需要扶着烟囱栏杆。其实我们有的绳子可以绑高一点，有的绳子可以绑低一点，这样会比较有层次性，而且也能满足个体差异。"于是我们就把绳子的高度进行了调整。 图 4-1-10 教师调整绳子高度
捕捉"关键点"				在游戏过程中，教师会根据幼儿运动能力的需求，站在幼儿的角度，去调整绳子的高度，满足个体差异。
预诊断分析及调整				因为每个幼儿的运动能力不同，在游戏中，有的绳子绑得太高，对于个别幼儿来说有一定难度。后期把绳子高度设置成从简单到难，幼儿可以根据自己能力去调整，并提供多余的绳子让幼儿自己去构建"战线"。教师辅助绑绳，同时培养幼儿的挑战意识。

表 4-1-32 "绳子遇见烟囱"运动区域研发小组研修记录——策略支持

班级	小班	研读人	陈燕、周安琦
预诊断内容设计	把绳子两头分别绑在旋转烟囱的内、外环形围栏上,同时绳子分别绑在不同高度上,幼儿能够从绳子上跨跳过去,教师可以用儿歌的形式来引导幼儿往前跳。		
预诊断过程实录	在游戏时,教师边念儿歌边一点点地往前跳,"小蝌蚪,圆圆头,排着长队去游泳,小尾巴,摇摇摇,变成青蛙呱呱跳",跟着儿歌,教师更有节奏地往前跳,但是跳过几次之后觉得没有第一次那么有意思。陈燕说:"我觉得还是要创设情境,比如我的小青蛙想要去吃虫子,我要跳过去吃虫子咯。"费浙云说:"是的,而且我们把烟囱环形平台也要创设一下,比如在地上贴几片荷叶,让孩子能够跳到荷叶上,这样孩子在跳的过程中,也增加了一定趣味。" 图 4-1-11 教师尝试边念儿歌边往前跳过绳子		
捕捉"关键点"	教师在游戏的过程中,会在原有的基础上添加一些更富有情境性的游戏,会想到小青蛙要吃虫子的,能够带有一点任务意识。		
预诊断分析及调整	小班幼儿比较喜欢情境性游戏。设计情境性游戏,能吸引幼儿参与,调动其兴趣,幼儿可以将喜欢的角色扮演运用到游戏当中,教师后期可以给幼儿准备一些头饰、面具等,将烟囱环形平台创设成池塘等情境,让幼儿有一个更直观的情境,幼儿想到变成青蛙去捉虫子,可以给幼儿一点任务意识,用一些替代虫子的材料,让幼儿去捉"虫子",这样幼儿运动游戏会更加丰富,能有效提升运动技能。		

表4-1-33　"绳子遇见烟囱"运动区域研发小组研修记录——"哇时刻"试研

"哇时刻"试研内容	围着烟囱过"战绳"	观察团队	"绳子遇见烟囱"运动区域研发小组
背景分析	之前幼儿在烟囱平台的运动技能并无显著提升，因此研修小组就策划烟囱平台上可以创设怎样的运动环境这一问题，讨论之后决定从绳子入手，开发绳子的"一物多玩"。前期研修组已经探索出用绳子平行绑的方式让幼儿结合烟囱进行运动，在原有的基础上将绳子交错绑，增加了游戏的难度及趣味性，观察幼儿以多种形式进行运动。		
试研预期	幼儿自由探索环绕烟囱绑绳的运动方式以及途径。		
试研反馈情况	周安琦老师	我们一起玩"穿越火线"，心心说："我可以爬着过去，还碰不到绳子呢。"睿睿说："我更厉害，我可以跳过火线。"说完骄傲地抬起了头。	
	陈燕老师	"我是一只小青蛙，我要去捉虫子咯。"可欣边跳过绳子边说，茜茜说："我能跟你一起去捉虫子吗？"可欣说："当然可以，我们出发吧。"	
	孙邱瑶老师	夏夏在经过绳子的时候发现有的绳子有点高，她慢慢地走过去，把绳子往下移了一点说："这样就可以了，我可以跳过去了。"	
试研结果	在原有的基础上，教师增加了游戏难度，发现钻爬对幼儿并没有难度，在老师引导下，幼儿尝试更有难度的挑战方式，比如用跨的方式，由于绳子捆绑的形式有所改变，难度加大了，对幼儿动作的灵活性有所挑战，大部分幼儿能在不碰到绳子的基础上进行跨越；但在跳跃的环节，对幼儿来说难度比较大，有些幼儿胆子比较小，不敢尝试，极个别幼儿会主动调整绳子的高度进行跳跃。		

表4-1-34　"绳子遇见烟囱"运动区域研发小组研修记录——"哇时刻"分析解读

运动区域	烟囱环形平台	记录人	孙邱瑶、陈燕
巧关注	关注幼儿对于绳子在烟囱环形平台上的探索性玩法及新的运动技能尝试。		
现场实录	"哇，今天又绑了好多绳子呀。""有的高，有的低，感觉好好玩呀。"幼儿在七嘴八舌中玩起了今天的游戏，前面幼儿都很顺利地通过了，突然前面出现了一幢"高楼"，挡住了幼儿的去路，昊昊走过来，看了一会儿高高的绳子，只见他低下头，弯下腰，从绳子下面侧着钻了过来。他开心地说："你们看，我过来了。"		
发现"哇时刻"	在游戏中，遇到高高的绳子时，昊昊一点都不害怕，开动自己的小脑筋，从绳子下面侧着钻过去，还很开心地向大家展示自己成功的方法："你们看，我可以这样过来。"由此看出昊昊具有敏锐的观察能力及解决问题的意识。		
质疑点	怎样才能将绳子和烟囱大型玩具的其他部分进行组合，将其连通，而不是仅限于围绕在烟囱环形平台区域？		

我的思考：
教师很重要的一个专业能力是要用心观察，有针对性地进行指导。教师需要通过敏锐的观察捕捉到幼儿富有创意的、有推广价值的玩法和做法，挖掘幼儿游戏当中的"哇时刻"，以便集中、有针对性地进行回顾展示。比如，幼儿游戏过程中侧身钻的技能，可以将其放大推广，作为幼儿游戏中的经验分享。目前教师和幼儿能将绳子与烟囱环形平台的空旷地面和"墙"面（内、外环形围栏）较充分地结合起来，如何能将绳子和烟囱的其他部位进行联通组合也是教师今后需要思考的。

五、"平衡小达人"运动区域研发小组研修实录

（一）研修预设方案

团队成员：

严心怡、王晓燕、孙明悦

研发内容：

大班平衡游戏

背景分析：

平衡能力是一个人身体综合素质的体现，是行动的基础。平衡活动有利于幼儿良好的情绪和意志品质的培养，从而帮助幼儿克服畏难情绪和退缩心理，促使幼儿身体协调发展。

目前，我园的运动游戏对幼儿的平衡能力没有足够的重视，幼儿平衡能力的发展相对比较欠缺。同时，平衡游戏内容单一，幼儿缺少选择的自主性。本学期，教师将进一步重视幼儿平衡能力的提高，加强对大班幼儿平衡游戏的探索和研究，有效促进大班幼儿身心健康发展。

预期成效：

1.提供多样的平衡器械，提高幼儿参与平衡游戏的自主性。

2.创设丰富多彩的情境，设计出适合大班幼儿的平衡游戏，帮助和引导幼儿自发自主游戏。

3.进行平衡游戏时，借助游戏提升幼儿平衡能力。

4.通过一系列的平衡游戏，使幼儿的静态平衡和动态平衡达标率提高。

主要阶段：

第一阶段：根据幼儿平衡能力制定详细测评方法，在大班平衡游戏前，开展平衡能力测评。

第二阶段：创设环境、布置游戏场地及准备游戏器械，供幼儿自主选择游戏器械和游戏内容。探究以下三方面：开展的平衡游戏是否适合大班幼儿？

游戏是否能提高幼儿的平衡能力？什么样的平衡游戏幼儿更感兴趣？

第三阶段：调整研讨阶段，根据幼儿平衡游戏的情况，及时进行游戏材料、玩法等方面的调整并记录。

第四阶段：将期末测评数据与期初测评数据进行对比，检验幼儿平衡能力是否得到提高。

（二）研修记录

表 4-1-35 "平衡小达人"运动区域研发小组"常态"研修记录之一

活动时间	2018-03-10		团队成员		严心怡、王晓燕、孙明悦		
内容实录	平衡能力是一切静态与动态活动的基础能力。结合北京师范大学霍力岩教师的专著《学前教育评价》以及 2023 年修订版《国民体质测定标准》（幼儿部分）作为本次大班幼儿平衡能力发展的测评标准，以获得更加科学的、精确的反映幼儿平衡能力发展水平现状的数据。本次测评中，将测评的内容分为两项：静态平衡能力测评和动态平衡能力测评，分别采用单脚站立和过平衡木的形式。 1.单脚站立：测评幼儿听到口令后立即单脚站立，计时开始，脚落地的时刻停止计时，记录单脚站立时长，三次中取最高值。 2.过平衡木：测评幼儿站立在平衡木的一端，听到开始的口令后快速通过，记录幼儿通过的时长。 本次测评对象为大班三个班级，共 93 名幼儿。测评结果见下表：						
	班级		大一班 32 人	大二班 30 人	大三班 31 人	大班总人数 93 人	
	单脚站立	一级	10 人	9 人	6 人	25 人，占全园大班人数 26.9%	
		二级	10 人	8 人	10 人	28 人，占全园大班人数 30.1%	
		三级	12 人	13 人	15 人	40 人，占全园大班人数的 43%	
	过平衡木	一级	5 人	6 人	7 人	18 人，占全园大班人数 19%	
		二级	24 人	20 人	22 人	66 人，占全园大班人数 71%	
		三级	3 人	4 人	2 人	9 人，占全园大班人数的 10%	
发现问题	从上表我们发现大班幼儿平衡能力发展的现状，不论动态还是静态测试都不是十分理想。在本次测评中，幼儿在单脚站立的时候，协同性不足，会东摇西晃。在走平衡木的时候，受到各种因素的影响，个别幼儿速度较慢，比较胆怯和小心翼翼，不敢大胆通过。						
下一步行动	通过各种平衡游戏，帮助幼儿提高平衡能力，提升单脚站立时长及过平衡木的速度。						

表 4-1-36 "平衡小达人"运动区域研发小组"常态"研修记录之二

活动时间	2018-03-16	团队成员	严心怡、王晓燕、孙明悦
内容实录	针对幼儿的平衡能力，我们开展了"有趣的平衡板"游戏，利用PVC管和木板作为平衡板的游戏材料。 第一个游戏：请小朋友跟着音乐在平衡板上做动作，幼儿会做一些小幅度的摇晃手臂的动作，注意力集中在脚下，而且PVC管太细，木板太窄，幼儿很难在木板上保持平衡。 第二个游戏：幼儿根据老师出示的图片在平衡板上进行较简单的练习。 第三个游戏：幼儿根据老师出示的图片将平衡板放置在不同的位置，摆出不同的路线，进行练习。游戏中，部分幼儿能初步掌握行走的技巧，走在木板的中间。一部分幼儿会踩在木板一侧，平衡能力的目标未能达成。 第四个游戏：放置好平衡板后，幼儿双脚跳到平衡板上，保持身体平衡。幼儿跳板时双脚分开，因为准备的木板比较小，个别幼儿始终不敢尝试，在材料方面需要改进。 最后鼓励幼儿尝试平衡板新玩法。		
发现问题	在游戏中，幼儿参与性非常高，对这个活动的兴趣也很大，勇于挑战，战胜困难。从游戏的材料上看，木板较窄、PVC管太细，增加了游戏的难度，部分幼儿很难达成目标，可以先易后难，根据幼儿自身的能力，选取不同的材料进行游戏。在最后的自主游戏，尝试新玩法活动中，幼儿的想法不多，且幼儿缺少合作与交流。		
下一步行动	1. 教师通过启发示范、情境创设的方式，鼓励幼儿发现更多的平衡板新玩法：如将几张平衡板拼成独木桥，将几块平衡板叠起来可以变成跷跷板。 2. 在游戏中游戏线路可以由幼儿设计摆出来，材料方面由幼儿自己去寻找适合作为平衡板的材料，创设交流的平台，鼓励幼儿合作。		

表 4-1-37 "平衡小达人"运动区域研发小组"常态"研修记录之三

活动时间	2018-03-23	团队成员	严心怡、王晓燕、孙明悦
内容实录	为了发展幼儿的平衡能力，我们组织了"好玩的圈圈"游戏，正面引导幼儿在原有基础上练习原地快速转身一周的动作，并加入圈这个辅助器材，鼓励幼儿尝试转身接圈的身体平衡练习。 第一个环节：请幼儿自由玩圈，鼓励幼儿创造新玩法，土豆、乐乐会进行简单的跳圈、钻圈、转呼啦圈的游戏，之后教师引出转身接圈的新玩法。幼儿尝试探索转身接圈的动作。 第二个环节：进行转身接圈接力比赛，幼儿跑至指定位置按场地提示标志完成转身接圈动作一次后，迅速将圈递交给对面的幼儿，往返游戏，待小组幼儿全部轮回一次为胜。教师指导幼儿迅速转身接圈并进行接力。		
发现问题	1. 游戏难度较大，幼儿在活动中没有掌握转身接圈的技巧，参与感不强。 2. 提出"是否有其他玩圈方法"这一问题，但并未让幼儿有足够的思考时间，就直接引导幼儿进行转身接圈的环节，导致幼儿失去自主探究创玩的机会。		
下一步行动	1. 增加更多机会让幼儿在自主探究、尝试练习中，发挥想象进行呼啦圈的创意游戏。 2. 进一步完善游戏，在幼儿游戏环节设计中，实行分层教学，让幼儿自主选择，注重技巧的传授，在游戏中巩固多样玩圈的方法，上、下肢得到均衡的发展。		

表 4-1-38　"平衡小达人"运动区域研发小组"常态"研修记录之四

活动时间	2018-03-30	团队成员	严心怡、王晓燕、孙明悦
内容实录	在一次民间游戏的教学活动中，开展斗鸡游戏，活动目标是要在单腿站立的基础上进行"斗"。我们首先需要练习单腿站立，上身不晃动且能保持1分钟。根据这一教学目标，我设立了"大公鸡"的教学情境，引入主题，激发幼儿玩平衡游戏的兴趣。幼儿们扮演大公鸡的角色。模仿公鸡"金鸡独立"的姿势，单脚直立，昂首挺胸，我们边做动作边引导幼儿念着儿歌："我是大公鸡，天天早早起，叫醒小朋友，清晨喔喔啼。"先让幼儿单腿站立，保持上身不晃动20秒，再慢慢延长时间。当他们都熟悉了游戏规则时再进行"斗鸡"。			
发现问题	"斗鸡"这个活动来源于民间游戏，没有教具，在进行游戏时，前半部分时间幼儿能被游戏的情景所吸引，但因为没有教具支撑和引导，幼儿不能保持长时间"斗"，耐力不够，导致后面游戏凌乱，有些幼儿甚至不按游戏规则进行。			
下一步行动	可以根据大班幼儿的兴趣特点和认知结构，投放多样化的平衡材料，开展动态平衡与静态平衡的练习活动，充分调动幼儿的平衡感官，实现平衡能力的发展。我们在投放材料时也需要遵循多样化的原则，根据练习目的的不同而选择不同的材料组合。			

表 4-1-39　"平衡小达人"运动区域研发小组"常态"研修记录之五

活动时间	2018-04-06	团队成员	严心怡、王晓燕、孙明悦
内容实录	今天，教师组织幼儿们在音乐厅进行室内体锻游戏——穿越烽火线，其中一道关卡就是过平衡木。游戏前，教师将事先准备好的平衡木（长条凳）、山洞等器械摆放在音乐厅的一边，让幼儿根据线路做出钻和爬的动作游戏，但在他们过平衡木时，出现了一点小麻烦，伍万身体比较弱，动作慢，协调能力也不太好，过平衡木时，她的双脚在平衡木上一点一点慢慢地挪动，生怕摔下来。而后边的小朋友着急，一直催她。这时场面出现了混乱，游戏的秩序不可控了，且伍万又显得很着急，不知所措。			
发现问题	每个幼儿的发展水平参差不齐，如果只用一个高度的平衡木作为游戏材料的话，是不能适合所有幼儿的发展水平的。			
下一步行动	创设高低不同的平衡木，满足层次不同的幼儿进行平衡游戏，他们可以自由地选择高矮、宽窄不同的平衡木。三种难易不同的平衡木，不仅可以满足不同层次幼儿的需要，而且也可减少在活动中排队、等候的现象，提高了活动的效率。			

表 4-1-40　"平衡小达人"运动区域研发小组"常态"研修记录之六

活动时间	2018-04-13	团队成员	严心怡、王晓燕、孙明悦
内容实录	大油桶是幼儿们很喜欢挑战的游戏之一。今天，大昊昊继续玩着油桶游戏，首先，他稳稳地站在油桶上，双脚慢慢跟随着大油桶滚动的方向前进、后退。"爬油桶——站稳——向前或向后"这一系列动作，大昊昊已经驾轻就熟了。 接着，他尝试在油桶上玩各种花样：双脚快速向前走，双脚快速向后退，在大油桶上转圈……无论是哪一种玩法都十分地稳。他又想出了一个新花样：将油桶两三个并排在一起。一开始，他从第一个油桶跨到了第二个油桶上，脸上露出了"好险，但我还行"的表情。接着，他将两个油桶一起向前滚动着走。然后，他又去拿了第三个油桶，只见大昊昊鼓起勇气，慢慢从第一个油桶跨到第二个油桶上，第二个油桶继续向前滚动，他又跨到了第三个油桶上，并在第三个油桶上转身，向前滚动行走，又回到了第一个油桶上，就这样反复在油桶上行走。		
发现问题	油桶游戏的确受到很多幼儿的喜爱，但是能在油桶上面来去自如，保持平衡向前走的幼儿还是少数，很多幼儿在一旁看着大昊昊游戏，十分羡慕，但是当教师鼓励其他幼儿去试一试的时候，很多幼儿都不敢尝试，有些幼儿在教师的帮助下，愿意试一试，有些甚至躲开。 这个问题值得教师思考，是否可以让大部分幼儿先玩一玩基础的平衡游戏，慢慢过渡到难度比较大的大油桶。同时，平衡游戏的材料需要增添，让幼儿有更多选择。		
下一步行动	1.增加其他平衡类材料，供幼儿选择。 2.提醒幼儿进行材料的组合，创设新的情景。 3.继续让大昊昊等平衡能力强的幼儿，带领胆小、平衡能力比较弱的幼儿，两人结对互助。		

表 4-1-41　"平衡小达人"运动区域研发小组"常态"研修记录之七

活动时间	2018-04-20	团队成员	严心怡、王晓燕、孙明悦
内容实录	平衡游戏开始了，这一边，大昊昊又有了新的玩法，他把木板和油桶进行了组合，将木板分别放在油桶的两侧，然后踩上去，发现油桶很稳，没有向前滚动。另一边，小伊伊先把两个油桶和一个梯子进行了组合，从梯子的一端爬上油桶。接着，大昊昊、小辰辰和安安也陆续运来其他梯子、路阻、长板凳等材料，将这些材料进行了组合。		
发现问题	1.前期，教师只提供了油桶，但现阶段教师要考虑幼儿滚油桶的兴趣以及材料的多样性，请幼儿自主进行材料的组合活动中，也发现很多幼儿有从众心理，在组合材料的时候，基本都是动手能力强的幼儿在做，其他幼儿的创新意识和创新能力有待培养。 2.教师发现幼儿过障碍的速度还是比较缓慢，有些幼儿需要成人帮助。幼儿平衡能力需要加强。		
下一步行动	1.多引导能力弱的幼儿进行大胆尝试。 2.鼓励大昊昊这样有创新意识的幼儿，培养更多有创意的幼儿。 3.活动后，给予幼儿分享和观看现场活动视频的机会，互相学习。		

表 4-1-42 "平衡小达人"运动区域研发小组"特色"研修记录——目标定位

班级	大三班	研读人	严心怡
预诊断内容设计	目标： 1. 通过幼儿对平衡动作的体验，提炼动作要点，提高幼儿的平衡能力。 2. 幼儿在教师预先设置的若干条梅花桩路径中自主选择，尝试探索走梅花桩的动作方法，体验游戏乐趣。 通过初次体验，尝试走三种由梅花桩铺成的不同路线，第一种是梅花桩左右依次摆放，容易完成；第二种是将梅花桩摆成一条直线，难度比第一种大一些，在动作方法上要求高一些；第三种是在第一种和第二种的基础上将梅花桩之间的前后距离拉大。教师发现目标容易达成，但对于大班幼儿来说，其难度较低，平衡能力很难得到提高。		
预诊断过程实录	教师首先预先设置较简单的梅花桩路径，初次尝试走三种途径的梅花桩道路，对于这三种过梅花桩的路径，幼儿能较快地掌握，难度系数较低，因此很难达成对幼儿平衡能力的提高，对大班幼儿来说，其缺乏挑战性。教师在游戏中也尝试不同的走梅花桩的动作，除了走，还可以跑、跳，但是危险性很高，所以很难在动作上有所创新。		
捕捉"关键点"	1. 教师通过三次体验发现游戏难度低，提炼动作方法较容易达成，大班幼儿的平衡能力很难有所提升。 2. 第二个目标，尝试探索走梅花桩的不同方法很难达成，路线单一，动作、走法很难创新，如果改变动作、走法，难度会大大提升，危险性也会大大增加，不适宜开展。		
预诊断分析及调整	教师通过多次尝试，调整目标如下： 1. 幼儿进行多种梅花桩游戏，锻炼幼儿的身体平衡能力。 2. 自主探索梅花桩的多种玩法，体验游戏的乐趣。玩法有所改变，游戏难度将增加，如幼儿负重过梅花桩、头顶沙包过梅花桩等，难度系数增加，有助于进一步提高幼儿平衡能力。		

表 4-1-43 "平衡小达人"运动区域研发小组"特色"研修记录——策略支持

班级	大三班	研读人	严心怡
预诊断内容设计	1. 教师针对游戏策略进行了体验，发现游戏难度较低，因此对游戏玩法进行改变，将难度有所提升。教师尝试通过设置高度不一的梅花桩路线来提高游戏的难度与层次。改变梅花桩游戏的玩法，发现游戏难度增加，挑战性也随之增加。 2. 教师之间的相互鼓励也能激发挑战的欲望，如"一定没问题""你是最棒的""加油"等。 3. 教师也尝试两两比赛走不同难度的梅花桩，提高游戏竞技性的策略，激发幼儿对游戏的兴趣，进一步提高幼儿现阶段的平衡能力。		
预诊断过程实录	1. 教师尝试梅花桩的不同玩法，可以将梅花桩一高一低摆放，从上面走；也可以将梅花桩斜放，从上面走；也可以增加辅助材料，如沙包、水桶，教师负重走过去，尝试后发现难度大大增加。教师通过改变游戏玩法、游戏规则以及增加游戏材料等策略增加游戏的挑战性和趣味性，锻炼幼儿的平衡能力。 2. 两位教师还进行了"梅花桩竞技赛"，进行梅花桩不同玩法的大比拼。幼儿参与游戏的积极性明显提高，参与度高。		

续表

捕捉 "关键点"	1. 调整梅花桩的玩法，增加难度，但是在游戏中，教师在尝试中也会出现摔跤的现象，说明游戏安全系数较低。 2. 走高低不一的梅花桩的难度较大，幼儿易出错，平衡感差的幼儿难以达成。
预诊断分析及 调整	1. 走高低不一的梅花桩的难度较高，安全系数相较之前降低，教师对于材料做了调整，将梅花桩灌满沙子，使梅花桩更稳不易倒，提高材料的安全性。 2. 设置场地时要注意体现层次性，不可全部相同，要能够兼顾到幼儿的个体差异，并在组织过程中让幼儿有自主选择的权利，既要注意调动幼儿敢于挑战的自信心和积极性，也要关注个别平衡能力较弱的幼儿的活动情况。

表 4-1-44 "平衡小达人"运动区域研发小组"特色"研修记录——"哇时刻"试研

"哇时刻" 试研内容	玩转 "梅花桩"	观察团队	平衡小达人运动区域研发小组
背景分析	玩转"梅花桩"游戏：通过"少林功夫"情境的设定，充分激发幼儿的自主游戏动力，并施以层级性教学方式，更好激发幼儿"哇时刻"的形成。			
试研预期	佟佟今天和同伴说，我们要不拿几个重的东西，试试能不能走过去吧！这个挑战吸引来了乐乐、鑫鑫几个男幼儿。佟佟手拿水桶，晃晃悠悠地上了梅花桩，但因为他选择的水量比较多，因此容易导致身体不平衡，从梅花桩上掉下来。			
试研 反馈 情况		严老师	活动中主要以"幼儿的平衡能力"为主体，教师充分挖掘幼儿群体中存在的优势资源作为活动展示的亮点，通过幼儿之间的相互影响来提高幼儿的学习积极性，既取材于幼儿，又反馈于幼儿。
		王老师	幼儿在活动中，自始至终围绕"少林功夫"情景进行，从动作的模仿到场地设置，均为少林功夫的情境，使幼儿对活动始终充满着好奇，同时通过游戏场地变化、器械的变化提高情境变化的力度。
		孙老师	整个活动设置通过难度的不断递进来体现活动循序渐进的层次；在场地器材设置上，通过设置不同难度的行进路径，满足不同能力水平幼儿的需要，设置不同重量的水瓶，让幼儿可以自主选择。
试研结果	玩转"梅花桩"活动亮点是明显的，通过游戏的情境性设计、幼儿自主性发挥以及层次性设置，保证整个游戏活动的顺利开展与预期目标的实现。			

表 4-1-45　"平衡小达人"运动区域研发小组"特色"研修记录——"哇时刻"分析解读

运动区域	玩转"梅花桩"	记录人	严心怡
巧关注	情境创设与幼儿平衡游戏活动效果之间的关系。		
现场实录	第一个环节：教师带领幼儿徒手模仿少林弟子提水行进的动作；第二个环节：幼儿自主搭建梅花桩路线，练习走梅花桩；第三个环节：幼儿练习负重走梅花桩，幼儿根据自身能力选择轻重不同的水桶，手提水桶走梅花桩；第四个环节：教师创设"少林武功"情境，幼儿在保证安全的情况下较快速地通过梅花桩。幼儿提出开展"功夫大比拼"，运水桶过梅花桩，两组幼儿进行比拼，每次的走法、路径的摆法由幼儿自己商量得出。		
发现"哇时刻"	佟佟在梅花桩上快速地走时，脚下一滑，摔跤了，大梅花桩也翻了，她揉揉屁股站起来，站在侧倒的梅花桩上，随后她不经意间又发现侧倒的梅花桩比平放的梅花桩走起来艰难许多，于是叫来周围小朋友一起挑战！佟佟在上面摇摇晃晃却坚定地向前，不断挑战，摔倒了，又坚强地拍拍灰尘继续游戏，还想了新的游戏方法。		
质疑点	情境的设计如何与幼儿自主性发挥有效地结合。		

我的思考：
幼儿的活动自始至终围绕"少林功夫"进行，从动作的模仿到场地的设置，均为"少林功夫"的情境，使幼儿对活动始终充满好奇，同时通过游戏场地的变化、器械的变化提高情境变化的力度。下一步希望有能力的小朋友带领更多小伙伴挑战有难度的游戏，一起探索大梅花桩的多种有意思的新玩法。

第二节　监测小组——向下兼容对标

一、运动区域游戏监测记录

（一）教研组长运动区域游戏监测记录

1. 关于大班运动区域游戏"民间游戏乐"监测记录

时间和地点：2018年3月22日，三楼平台

监测内容：大班运动游戏"跳竹竿"

监测人、职务：张亚琴、教研组长

监测目的：

（1）寻找幼儿在民间游戏中的经验点，了解幼儿的游戏水平。

（2）提升教师在民间游戏活动中对材料的合理运用能力。

监测方法：

（1）实地观摩，发现问题。

（2）寻找策略，调整方法。

监测案例及分析：

◎ 案例"会动的竹竿"

在三楼平台民间游戏馆中，一直被大家忽略的竹竿今天也派上了用场。琪琪、贝贝和糖果三位小朋友一起进行了一场竹竿上的跳动。开始游戏时，琪琪自告奋勇要先跳。在第一次跳时琪琪的脚被竹竿绊住了，游戏暂停，教师没有介入，一会儿贝贝问："琪琪，疼不疼？糖果，我们要慢点儿！"

第二次游戏开始，琪琪慢慢跳起来。换人时，琪琪也非常开心地把自己的经验说给糖果和贝贝听："跳时要喊一、二、三；一往里跳，外面的小朋友要打开竹竿；二往外跳，外面的小朋友把竹竿往里收。"

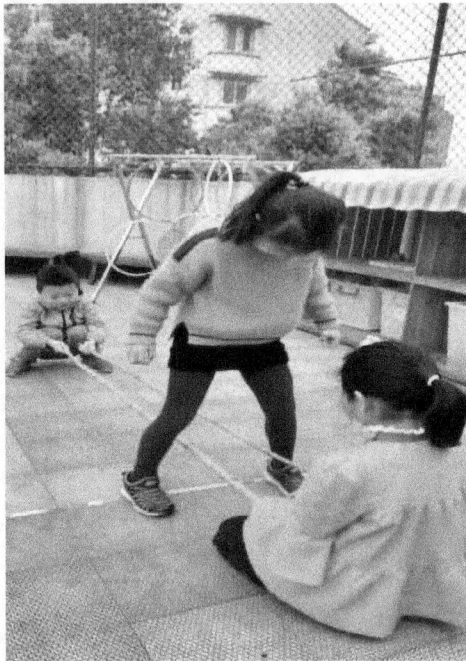

图 4-2-1　幼儿合作跳竹竿

跳竹竿需要一定的技巧和配合。虽然大班幼儿的手眼协调能力发展比较好，但他们在跳竹竿过程中的团队配合仍有待加强。

改进建议：

（1）跳竹竿富有节奏感、趣味性和挑战性，对于没有玩过的幼儿或协调能力弱的幼儿有一定的难度，教师应该给幼儿一些经验准备。比如，前期可以接触一些击竿动作和跳竿节奏，一开始可以正常击竿，到后期也可以尝试花样击竿。

（2）在跳跃和节奏经验上要有个循序渐进的过程。比如，先玩双脚跳，再到单脚跳，再到钻竿跳，等等；慢慢提升幼儿的挑战难度。

（3）游戏情境可再加强一些，教师可以提供一些竹竿舞的服饰、道具等，提升幼儿参与活动的热情。

被测者意见：

（1）民间游戏"跳竹竿"满足了幼儿喜爱玩民间游戏的心理，有助于发展幼儿的弹跳能力，大班幼儿在与同伴交往、合作方面有积极的愿望，作为教师，要多提供这样的机会，鼓励幼儿相互合作，共同解决在游戏中遇到的困难。

（2）在游戏还没有推广之前，教师要先进行一些铺垫，不需要示范游戏玩法及规则，而是要引导幼儿去自主探索：敲击竹竿的两人如何合作？中间跳的人如何跳？如果跳的过程中发现了一些情况怎么办？通过尝试、发现，再尝试、再发现，形成师生互动、生生互动的不断调整的过程。

2. 关于大一班运动区域游戏"闪亮之星"监测记录

时间和地点：2018年3月17日，星星园区

监测内容：大班幼儿根据地图上的点标按顺序找到对应的地点并完成相应的任务。

监测人、职务：钱伟圆、教研组长

监测目的：

（1）了解幼儿对定向运动概念的认识，了解幼儿游戏水平。

（2）找准定向运动游戏的关键技能点，提升教师观察力。

监测方法：

（1）游戏观摩，找出问题。

（2）寻找策略，实施跟进。

监测案例及分析:

◎ 案例 "钻爬绳网"

图 4-2-2 幼儿 "钻爬绳网" 活动图

大一班一组 6 人同时出发,队长边看地图点标,边带队员快跑,寻找点标位置。在滑梯绳网处有一个点标,需要钻爬绳网才能完成点标任务。何云策紧紧抓着绳网的边缘始终不敢向前。其他 5 名成员先后完成了钻绳网滑下滑梯的任务。有人着急地说:"加油,你再不过来,我们队就要输了。"

图 4-2-3 幼儿 "钻爬绳网" 活动图

团队中何云策的运动协调能力相对较弱,团队成员团结互助,帮助他完成任务。但是,在幼儿还不熟悉游戏规则的前提下,6 名成员组队,在时间分配上牵制了大家的游戏时间,致使有些提前完成任务的幼儿没有机会快速寻找下一点标。

改进建议：

（1）减少团队幼儿人数，以 2 名幼儿为一组进行挑战游戏。

（2）增加运动项目的选择权，游戏前期先以会看地图找点标为主，运动挑战为辅。

被测者意见：

（1）运动游戏具有挑战性，内容和形式还可以再丰富。

（2）点标太少（本次游戏有 6 处点标），游戏时间短。

（二）教科室副主任运动区域监测记录

1.关于大二班运动区域游戏"跳大绳"的监测记录

时间和地点：2018 年 4 月 11 日，三楼平台

监测内容：观察教师设计目标——"幼儿通过观察不同绳类材料，探究材料的特性并想出绳子的创意玩法"是否有可行度。

监测人、职务：刘丽丹、教科室副主任

监测目的：观察指导教师选择满足该年龄段幼儿需求材料的能力。

监测方法：实地调研、视频检测法。

监测案例及分析：

◎ 案例"什么绳子最好跳"

晨间活动中，教师准备了麻绳、跳绳、长绳、草绳、牛筋绳等绳子，从材料的多样性可看出该教师是有目的性地让幼儿进行游戏，紧扣预设目标；还考虑了活动的前置性。过程中监测人和教师都发现幼儿自发参与新游戏"跳大绳"，教师首先以语言肯定幼儿，再引导其挑选一种合适的绳子，亲自与幼儿探索不同材料的绳子可以怎么玩，探索哪种绳子更适合"跳大绳"。教师一直引导幼儿探索、分析问题，整个过程持续 15 分钟左右。有的幼儿选择将两根普通跳绳打结来"跳大绳"，但是尝试后发现"结"易散。教师利用演示法和同伴分享策略，引导幼儿学会打结，说明该教师既考虑到完全不会打结的幼儿，又给能力强的幼儿一个展示、表现的机会，达到师幼相辅相成，共同解决问题的目的。最后师幼共同探索总结，选择皮筋来跳大绳，但发现

皮筋能甩得起来，可以用作跳绳材料。

改进建议：

（1）教师要积极强调绳子与动作的结合，才能激发幼儿想出更多新的玩绳方法，目前游戏中出现的"跳大绳"的材料只有一种，如果能增加一些辅助材料，如软球、呼啦圈、轮胎等，可激发幼儿"一物多玩"的兴趣。

（2）在幼儿用绳子玩游戏的过程中可以发现，因为辅助材料的缺少，幼儿的创意很难实现。

被测者意见：

教师在游戏过程中发现幼儿不会像教师一样拿到绳子就开始玩，而是先观察；在玩绳活动中需要增加材料配合绳子一同发挥作用，也许会激发幼儿想象。本次活动在三楼平台进行，可以增加引导语："绳子可以和这里的哪些器械进行结合？"幼儿因为经验不足，创意玩法很少，因此在预设目标里，更加细化、聚焦地做了改动，原先创意范围太大，实际每个幼儿能想出两三种动作与绳子的结合玩法就很不错了，因此将目标调整为："能根据绳子特性，尝试根据走、跑、跳、投、钻等动作，设计出两种绳子玩法。"

2. 关于小二班运动区域游戏"美食总动员"监测记录

时间和地点：2018 年 4 月 10 日，星星园区

监测内容：幼儿根据点标的照片，寻找点标所在位置并发现所需的食材。

监测人、职务：王加冕、教科室副主任

监测目的：

（1）发现幼儿运动中存在的问题，并及时将其反馈给教师。

（2）引导教师发现设计定向运动游戏方案的策略，提升教师在运动中介入指导的能力。

监测方法：

（1）实地观摩，发现问题。

（2）组织教师研修讨论，找出问题并探讨解决对策。

监测案例及分析：

◎ 案例"我的组员呢"

玥玥看着地图上的照片,一下子就发现第一个点标在沙坑,于是快速地跑到沙坑找到了第一种食材。

这时,玥玥突然喊道:"我的组员呢?"她边往四周寻找组员,边说:"刚才他们不跟着我,走了。晨晨,快回来!"她焦急地寻找着自己的组员,发现晨晨就在她身后不远处,她赶忙跑过去,一把拉住晨晨。

她找到晨晨了,可是另一个组员非非还没找到。她拉着晨晨,突然听到背后传来了非非的声音。原来非非拿着地图,已经找到了第二个点标处,正在找第二种食材。玥玥马上上前帮忙,与组员一起寻找食材。

改进建议:

(1)独自游戏是小班幼儿的游戏特点,虽然已经是小班第二学期了,但是部分幼儿的合作意识还没有出现。在分组时,尽量一人一组或两人一组。等幼儿熟悉游戏的玩法后,可以与中大班的幼儿一起玩,以大带小。

(2)幼儿对于地图上"圈圈"的含义还不够理解,可在平时活动中穿插讲解地图上不同标识的含义,也可在下次活动时,将"圈圈"画在更为显眼的地方,在游戏中加深幼儿对地图的理解。

被测者意见:

本次活动的准备不充分,也没有仔细地考虑材料,导致食材、场地的照片少,所以才将幼儿分为三人一组。同时在设计方案时过于理想化,导致整个活动过程准备过多、复杂,幼儿的兴趣却不是很大。接下来会根据这次活动发现的问题,及时改进,调整游戏难度,激发幼儿对定向运动的兴趣。

(三)年级组长运动区域监测记录

1. 关于中一班运动区域游戏"寻找宝藏"监测记录

时间和地点:2018 年 4 月 19 日,星星园区

监测内容:根据照片上提供的数字线索,寻找相对应的点位,收集同一种颜色的拼图碎片,最后完成拼图即可获胜。

监测人、职务:钱汝渊、年级组长

监测目的：

（1）幼儿是否遵守游戏规则，按照规则一步一步完成游戏。

（2）协助教师完善定向运动的实施策略以及后续调整措施，推进游戏进程。

监测方法：

（1）实地观摩，了解幼儿运动状态。

（2）视频跟拍，进一步梳理问题，讨论调整方案。

监测案例及分析：

◎ 案例"寻找宝藏"

菁菁、多多和可可三人是粉色队，菁菁被任命为"小队长"，在收集第三块拼图的时候，可可开心地叫了起来："我找到了，找到了。"可可将发现的拼图交给了菁菁，菁菁拿在手上一看，说："这不是我们的拼图，我们是粉色，这是红队的拼图，快放回去。"多多一看，立马将红色的拼图放回了原处。

这次定向运动是我们进行的第一次活动，虽然看似简单，按着地图找拼图，幼儿很快就能完成，但还是出现了很多的问题。比如，藏放的地点和地图上的图标不对应，幼儿拿了其他组的拼图，等等。这些问题都会影响活动的开展，需要有进一步的解决措施。

改进建议：

（1）因为教师提供的地图点标不够精准，拼图碎片出现的地方不在地图点标上，导致幼儿花了很长的时间在寻找拼图上，针对这一情况，教师在提供材料上，要规范精准，给幼儿提供一个标准的定向游戏。

（2）本次定向活动开展前，教师向幼儿明确"找自己组颜色的拼图，发现其他组的拼图，请幼儿放回原处"。但还是有很多的幼儿发现其他组的拼图时，会将拼图送给别人或者直接扔在外面，从而导致有三组队伍没有顺利完成游戏。教师要加强幼儿的规则意识，引导其遵守游戏规则。

被测者意见：

游戏活动过后，幼儿发现的问题和老师发现的问题一样："有人拿了我们组的拼图。"我们根据这一情况进行微调，分批进行游戏，教师用视频记录，了解更多幼儿的游戏情况。日后多开展定向活动，加强幼儿的规则意识。

2. 关于小一班定向运动游戏"寻找颜色宝宝"的监测记录

时间和地点：2018 年 5 月 11 日，星星园区

监测内容：根据地图上的点标，并在对应地点寻找相应颜色画在记录纸上。

监测人、职务：徐敏、年级组长

监测目的：

（1）观察幼儿能否把地图上的照片与幼儿园实地相对应并完成任务。

（2）观察在游戏前期教师的引导性策略与材料准备情况。

监测方法：

（1）视频追踪，引出问题，引发思考。

（2）梳理方法与策略，给予具体指导。

监测案例及分析：

◎ 案例"冲吧，徐金壹"

徐金壹先看着地图上的图片，发现了第三张图片上的地方并找到了相应的颜色。他对旁边的女孩子说："我也有，我也有，等会儿我再来。"接着他向第一张图片对应的地方奔去。找到了颜色并画了上去，接着去第二个地方、第三个地方，很快地完成了任务。完成任务后，他把笔盖盖回去，回到了教室。

在这个定向运动中，徐金壹小朋友总共花费的时间为 5 分钟。在这个视频里可以看出他是非常专注的，对于郑老师说的游戏规则理解清晰。比如，颜色是画到下面表格的框框里的，并且按照点标的顺序来找。幼儿的参与兴趣高，幼儿和教师在游戏中可以通过颜色的对应来进行自我检查——判断找的颜色是否正确。

改进建议：

（1）在准备的材料中系的线过于短，幼儿使用起来不方便。

（2）两个滑梯有些相似，幼儿难以分辨，应画得更具体明确，有区分度。

（3）幼儿游戏水平在不同层次，下次游戏可增加难度不同的地图。

被测者意见：

在下一次的游戏中加长线的长度，在表格的调整中直接在序号上涂色。对点标位置进行调整。颜料的选择也要有较大区分度。

（四）一线教师运动区域监测记录

1. 关于小班运动区域游戏"烟囱遇上绳子"监测记录

时间和地点：2018年4月12日，操场

监测内容：关注幼儿初次玩"绳子遇上烟囱"的运动情况。

监测人、职务：陈燕、一线教师

监测目的：

（1）捕捉幼儿通过绳子时不同的动作技能。

（2）提升教师在初次运动游戏活动后的分析指导能力。

监测方法：

（1）实地调研，引发思考。

（2）视频、文字记录，回顾研讨。

监测案例及分析：

◎ 案例"烟囱遇上绳子"

图4-2-4 "烟囱遇上绳子"游戏图

当小朋友玩了一遍钻绳子后，返回的时候有小朋友问："老师，我们还要钻绳子回去吗？"老师说："不用，你们可以试试用自己的方法通过这些跳绳。"于是小朋友开始自由探索，大多数小朋友都用了跨走的方法，个别能力弱一点的小朋友，会借助旁边的栏杆扶着跨过跳绳。

有一个男孩子用了跳的方法，他很自豪地说："我想跳过去。"他跳到了最后，非常有成就感地对其他小朋友说："你们刚才看到我刚才跳过来了吗？"

每个幼儿的能力都不一样，教师能够让幼儿自主地选择方法来通过绑着的跳绳，尊重了幼儿的选择，同时也发展了幼儿的自主选择能力。教师还可以再想一想，除了将跳绳这样子绑起来以外，还可以怎样绑或者怎样玩。

改进建议：

此次游戏中，教师设置的跳绳都是平行的，总的高度上也差不多，建议在下次的游戏中将跳绳交错一下，高度上也可以略微再调整一点，增强运动的挑战性和层次性。

被测者意见：

预期设想也是想要把绳子在后期的游戏过程中交错起来，这样可以增加游戏的难度，并且在后面的游戏中我打算再多绑一些绳子，让幼儿多花一点时间去通过这些绑着的跳绳。

2. 关于小班运动区域游戏"哎呀，掉下去了"监测记录

时间和地点：2018 年 4 月 20 日，操场

监测内容：教师介入是否能够帮助不同年龄段幼儿循环进行游戏的问题。

监测人、职务：陈燕、一线教师

监测目的：

（1）寻找不同年龄段幼儿用运动方式解决问题的能力。

（2）提升教师在幼儿运动游戏时的指导能力。

监测方法：

（1）视频观看调研、现场研修。

（2）梳理方法与策略。

监测案例及分析：

◎ 案例"哎呀，掉下去了"

图4-2-5　幼儿尝试在梯子上行进

小朋友在玩游戏时先从简单过渡到更难的挑战游戏。在游戏过程中，幼儿能够用爬的方法顺利通过架在一个轮胎上的梯子，当行进到架在两个轮胎上的梯子时，一位小朋友从梯子的中间掉了下去，这位小朋友没有哭着喊着叫老师帮忙，而是自己努力地用手撑着梯子，身体使劲往上提，一旁的教师也会鼓励小朋友。

为吸引不同运动水平的幼儿参与到运动大循环活动中去，教师根据幼儿年龄特点投放不同层次的素材并注意引导不同年龄幼儿参加运动，如中班幼儿在遇到掉下梯子的情况时，教师会先给予时间让他自己想办法，若小班幼儿掉下梯子，教师会鼓励并协助一起解决。

改进建议：

教师可以根据案例中幼儿可能掉进梯子中间的现象，在集中谈话时引导幼儿讨论用不同的方法来解决，比如将梯子下面全部用轮胎垫高等。

二、运动区域学习故事调研记录

(一)教研组长运动区域学习故事调研记录

表 4-2-1 大班运动区域学习故事"勇敢小兵"的调研记录

内容	《夺宝奇兵》	调研人	张亚琴
文本中对"哇时刻"的观察记录	图 4-2-6 幼儿一起穿越障碍,寻找拼图 大家都选齐齐做队长,他很激动地安排队员去各处寻找拼图,当队员找到一个盒子,他连忙把拼图拿出来捏在手上。齐齐对着另外的队员大喊:"快去那边找一找。"这时又有几个队员找到盒子,齐齐激动万分,感觉像是已经找到了宝藏一样,但是齐齐并没有马上拼图,只是把拼图拿在手上数着片数。我对齐齐说:"你看旁边那组的拼图快拼好了哦!"齐齐意识到了什么,连忙找了一块空地打算拼图,但摆放了好久都觉得不合适。齐齐走到旁边那组看了看,寻求同伴的帮助。在同伴的帮助下,他成功把手上的拼图拼好了。		
我对文本"哇时刻"记录的分析	从文本的撰写上可以看出教师没有很好地把握大班幼儿最近的发展情况,没有识别出幼儿的认识与能力之间的关联,在"注意"环节描述得不够详细,在"识别"中对幼儿的分析不够具体,缺乏对幼儿学习经验的理解,在分析和评价中不能针对幼儿的实际行为作出有效评价。		
我的评价以及理由	大班幼儿在遇到困难时主动寻求帮助是符合这个年段幼儿特征的,所以教师记录的"哇时刻"还不是那么明显,应该再深入观察幼儿在游戏中如何解决问题,探索材料,探索环境,等等。在文本的描述上应该再细致一些,细致观察幼儿的行为及心理变化过程,如在成功后获得的喜悦,或是幼儿在游戏中总结的经验或方法,让幼儿在认知上得到一个提升,所以在针对大班幼儿的"哇时刻"记录中要更深入。		

（二）教科室副主任运动区域学习故事调研记录

1.关于大三班运动区域学习故事"不放弃的绳子"的调研记录

表 4-2-2　大三班运动区域学习故事"不放弃的绳子"的调研记录

精彩"哇时刻"，聚焦"真游戏"			
内容	《不放弃的绳子》	调研人	刘丽丹
对"哇时刻"的观察记录	文本中描写到南南尝试将绳子和"万能工匠"组合进行游戏。在一次"粗略"的打结后，绳子和材料顺利组合了起来。可是还没有等南南站起来，绳子就不给面子地从"万能工匠"的棍子上滑落下来。在他进行第三次打结时，畅畅开始来跨跳绳，南南绑好了绳子，其他幼儿看到南南绑好的绳子后都来尝试，而南南一直在边上帮幼儿扶起倒地的"万能工匠"。		
我对文本"哇时刻"记录的分析	在整个早上的活动中，南南一直是游戏的主导者。教师则是观察者的身份，不介入游戏；后来很多幼儿尝试跨跳之后，场面有些混乱，教师开始引导幼儿一个一个跳，有秩序地跳。这里可以说明该教师知道等待幼儿，给其足够时间不断尝试和探索。"对一直在帮忙扶起'万能工匠'的南南进行鼓励"这一点，可看出该教师以积极正面的鼓励形式不断让幼儿发现问题，解决问题，从而提高该幼儿解决问题的能力。虽然该幼儿在玩的过程中绳子多次滑落，"万能工匠"也多次摔倒在地，但是其一直能够坚持完成组合并进行游戏，说明他有责任心和集体荣誉感。		
我的评价以及理由	文本中教师详细地记录了幼儿发现问题、解决问题直到最后成功的过程，比较客观陈述了整个游戏过程。从幼儿不放弃打结的过程，可以看出教师观察较为仔细，能捕捉幼儿精彩瞬间。在文本中发现教师能够一直关注到能力强的幼儿，但有些忽略想要参加这个游戏的其他幼儿，教师需要眼观六路、耳听八方，扫描式地观察，看到"身后"的幼儿。 对于该幼儿，他始终以一个"服务者"的身份看待整个游戏，虽然他绑好了绳子，但当他人进行跨跳时，他没有被游戏所吸引，而是重在解决如何绑好绳子的问题。		

2.关于大班运动区域学习故事"团队协作"的调研记录

表 4-2-3　大班运动区域学习故事"团队协作"的调研记录

精彩"哇时刻"，聚焦"真游戏"			
内容	《团队协作》	调研人	王加冕
文本中对"哇时刻"的观察记录	煜煜和可心是绿队，煜煜看见进门处的玻璃天花板上有一个宝盒，于是他扛来一个平衡筒，竖在那里，又端来小椅子，放在平衡筒上，发现椅子放上面不稳，会倒下来。他调整顺序，把平衡筒放在椅子上，他爬上了小椅子，可心把手上的单元棒递给了他，他举起单元棒去够宝盒，好像够不到，可心又跑去拿来两根单元棒。煜煜把3根单元棒连接成一根长长的棒子，又一次爬上椅子去够宝盒，可还是够不到。小坤从大厅里出来说："用绳子能不能够到？"小坤拿来长长的绳子，站在单元筒上，想将绳子甩向天花板把宝盒甩下来，甩了几次，绳子都没能甩上去，没有成功。煜煜把绳子绑在单元棒一端，也想借单元棒的力量把绳子甩上去。可是绳子甩到了水杯筒上。可心有点急了："我来试试。"她拿过绳子使劲往天花板甩，绳子都没碰到天花板。半个小时过去了，最终还是没有成功。		

续表

我对文本"哇时刻"记录的分析	在活动中，平时腼腆的男孩子煜煜参与的积极性很高，他变得敢于尝试、敢于挑战，有自己的想法和策略，虽然三次尝试都失败了，可他仍在坚持，勇气可嘉。该教师将故事描述得过于详尽，没有抓住关键点来进行表述，有些无关的过程性描述可删减。
我的评价以及理由	在这篇学习故事中，教师将故事描述得生动有趣，再现了当时的游戏情境，在提出跟进策略时，也有自己的想法，但没有很好地与幼儿自身相联系，没有重点从幼儿煜煜出发，而是针对整个游戏提出跟进反思。

3. 关于小三班运动区域学习故事"运球小能手"的调研记录

表4-2-4 小三班运动区域学习故事"运球小能手"的调研记录

精彩"哇时刻"，聚焦"真游戏"			
内容	《绕障碍物运球》	调研人	费浙云
文本中对"哇时刻"的观察记录	晨间游戏开始了，毛晨桦将不同颜色、不同高度的单元筒一个一个摆在场地上，自己拿着托接球开始绕障碍物运球，在第一次运球的时候，刚绕过了两个障碍物，小球就掉到了地上。毛晨桦马上捡起小球，将球放稳后又继续往前运，走到终点时，他高兴地说："我成功了。""刚才你中间有掉过球，再去试一次，这次要争取一次球都不能掉，再去挑战一下吧。"我一边说，一边向他提出运球要求。毛晨桦马上就答应说："好，这次肯定可以成功。"他一边说，一边跑到起点线开始挑战。 几次练习过后，毛晨桦已经能把球托得稳稳的。我问："你再想想，怎么样能够给自己和小朋友增加些难度？"说完后，我看见毛晨桦朝着小球看了又看，然后拿起一个小球把它放在了单元筒的上面，说："运球的时候脚不能碰到地上的单元筒，不然小球会滚下去的。""这个真的很难了，手上的小球不能掉，脚也不能碰到单元筒，你再去试试能不能成功？""我肯定可以的，老师你看着。"说完，毛晨桦又开始了新的挑战，整个挑战一直持续到运动结束。		
我对文本"哇时刻"记录的分析	在文本中可以看出，当发现游戏障碍比较简单时，幼儿能够自己想出新的挑战，将球放在单元筒上，因为运球时脚只要碰到单元筒，上面的球就会掉下来，这对运球增加了难度和挑战，对运球时的手眼协调和身体协调性也有了更高的要求。而且教师非常善于去观察幼儿在游戏中的行为。在幼儿游戏中，教师一直给幼儿提出运球的要求，不断地指导幼儿运球。		
我的评价以及理由	在这样的游戏中，幼儿的手眼协调性得到了锻炼，但运球的材料比较单一，其实教师可以投放各种材质、大小的球，如皮球、羊角球，也可以投放一些可以赶球、运球的材料，让幼儿练习不同内容的运球游戏，这样游戏内容会更丰富。因为单一的材料幼儿挑战过几次，可能就没兴趣了，教师要做到不断地更新材料，替换材料，这样才能逐渐地提高幼儿的运动技能。		

（三）年级组长运动区域学习故事调研记录

1. 关于大二班运动区域学习故事"从这里走最近"的调研记录

表 4-2-5　大二班运动区域学习故事"从这里走最近"的调研记录

精彩"哇时刻"，聚焦"真游戏"			
内容	《宝贝回家》	调研人	钱汝渊
文本中对"哇时刻"的观察记录	图 4-2-7　幼儿按照地图指示前进 多多拿到"回家的路"线索图时，迫不及待地开始了。他根据地图指示迅速找到起点，并且按着线索一步一步前进，没多久，已经走了一大半。半路上碰到了亮亮，亮亮问多多："你知道我的下一步在哪里吗？"多多就问："你现在走到哪里了？"亮亮点了一下地图，多多立马反应过来，说："下一步草莓，你看草莓在黑点上。"说完便继续前进，直至到达终点，整个过程大概 5 分钟。其他小朋友还在"回家"的路上，有的甚至只前进了几步而已，他的速度远远超过其他小朋友。		
我对文本"哇时刻"记录的分析	多多是一个方向感很好的小朋友，在第一次玩的情况下，有这么高的效率。他还可以根据其他幼儿的地图快速做出反应，有很好的识图能力。教师从多多给亮亮指路的片段入手，分析幼儿的识图能力、方位感等认知技能，发现了幼儿令人惊喜的一面。		
我的评价以及理由	该教师的学习故事比较聚焦，善于捕捉小细节，从一个幼儿指路的小小片段中，就抓住了幼儿精彩的一瞬。在记录中，多多从一开始就体现了较高的水平，且在游戏过程中，他还帮助同伴解决困难，能立马识别他人的地图，识图能力可见一斑。		

2. 关于小一班运动区域学习故事"寻找食材"的调研记录

表 4-2-6 小一班运动区域学习故事"寻找食材"的调研记录

精彩"哇时刻"，聚焦"真游戏"			
内容	《寻找食材》	调研人	徐敏
文本中对"哇时刻"的观察记录	徐金壹和蒋雨熙来到了户外的大操场上，徐金壹看着地图上的点标开始按照顺序寻找制作美食的材料了。 "1号，我们要找1号。"他努力地在大操场上寻找与地图上一样的地方。 他刚想呼唤队友去找时，发现蒋雨熙已经被旁边的滑梯给吸引住了。于是他转身走向滑梯，告诉蒋雨熙，我们要开始寻找番茄了。这时他们又重新开始寻找。对照地图上的照片找到了画有长颈鹿的角落。三个人走进去在地图上画有圈圈的地方翻来翻去，终于找到了画有番茄的图片。		
我对文本"哇时刻"记录的分析	教师从幼儿的学习品质切入，通过描写徐金壹在游戏中出色的表现，体现出幼儿的良好品质，在同伴去玩滑梯时，他还告知同伴他的去向，体现了初步的合作意识。		
我的评价以及理由	该教师的文本撰写略偏流水账，没有聚焦能体现幼儿"哇时刻"的片段，在分析时没有与文本中幼儿的行为相联系，有些脱节。在撰写学习故事时，应有针对性地对能体现"哇时刻"的那一片段进行描述，其余可以一笔带过。在分析幼儿"哇时刻"时，要体现教师是从哪里分析出来的。		

（四）一线教师运动区域学习故事调研记录

1. 关于小班运动区域学习故事"我是消防员"的调研记录

表 4-2-7 小班运动区域学习故事"我是消防员"的调研记录

精彩"哇时刻"，聚焦"真游戏"			
内容	《我是消防员》	调研人	陈燕
文本中对"哇时刻"的观察记录	下午的户外活动，班级里人数不多，一到大型玩具区，你就带领着其他几个小朋友爬上小滑梯，还一边大叫着"着火啦！救命呀！"原来，你们还沉浸在昨天这里发生的"着火"的情境游戏里。不一会儿你们就都爬上了小滑梯，大家一股脑地在上面大喊着"着火啦！着火啦！""哪里着火啦，那怎么办呢？"沈老师顺势将问题抛给了你们。只见你带着小朋友向更高的爬网上爬去，嘴里喊着"快救火！"原来你又带着小朋友去救火了，后面的小朋友还发出消防汽车"嘀嘟嘀嘟"的声音，"我们是消防员！"带着灭火任务，你们的救火小分队出发啦！还没爬到环形木板上，你就说："下雨啦，下雨啦，下雨可以灭火的！"终于爬到了环形木板上，你们开始灭火了，你鼓起腮帮子用力吹气，这里吹吹，那里吹吹，假装在灭火。可是下面也着火啦，你们听到沈老师的叫喊声，从"消防滑梯"上滑下来，到下面灭火，你一直沉浸在这个灭火的情境里，又开始了新一轮的"消防员灭火"游戏。		

续表

我对文本"哇时刻"记录的分析	教师的记录直观、详细，幼儿和教师的对话都有重点地呈现，教师在游戏中的指导也较为具体、有针对性。比如，幼儿的一句"着火啦"和教师的一句"哪里着火啦？那怎么办"，赋予了游戏新的情境，让原本单薄的游戏不再是爬上又滑下，而是向着情境游戏发展。教师鼓励主动扮演消防员的幼儿，又带着其他幼儿去灭火。
我的评价以及理由	教师能够抓住幼儿游戏过程中有趣的一刻，并且从幼儿游戏的角度去引导幼儿进行更深一层的思考，让幼儿可以继续有趣地玩下去，并能使幼儿从情境中学会一些关于消防的知识。在后续的分享谈话或者游戏中，教师可以引导幼儿了解更多的消防知识，从而开展更有趣的游戏。

2. 关于小班运动区域学习故事"我会拼"的调研记录

表 4-2-8　小班运动区域学习故事"我会拼"的调研记录

精彩"哇时刻"，聚焦"真游戏"			
内容	《趣味滑滑梯》	调研人	陈燕
文本中对"哇时刻"的观察记录	开心的户外滑梯时间，宝贝们兴奋地朝滑梯跑去，大家都用不同的方法爬上滑梯，有的宝贝利用轮胎墙往上爬，有的宝贝利用小攀岩墙往上爬，大家玩得不亦乐乎！起初，哈哈也是排队从小攀岩墙上往上爬，但是她发现排队的小朋友有点多，这时她看到了"轮胎墙"旁边有两根绿色的杠杆，可以从那儿爬上去，但是那个地方是垂直于地面的，很难爬。过了一会儿，她发现草坪上有老师摆着的大轮胎，于是，她开心地跑来问我："老师，这个轮胎我能拿走吗？"我说："当然可以啊！"接着，她开始搬动轮胎，但是搬不动，于是她把轮胎竖起来，小心翼翼地滚动轮胎，最后我发现她把轮胎滚到了杠杆下面，调整好位置放了下来。聪明的哈哈原来是想利用轮胎的稳定性增加高度，方便自己爬上平台，这样又多了一种方法爬上滑梯啦！		
我对文本"哇时刻"记录的分析	文本中教师记录了自己给予幼儿的支持和鼓励性的语言，让幼儿明确了下一步的行动。游戏中的幼儿是一个想象力丰富，喜欢探索、勇于尝试的人，看到轮胎能想到借用它的高度和稳定性，根据自己的想象和经验，通过不断尝试和努力解决自己遇到的问题，直至成功！		
我的评价以及理由	儿童是活动中的主体，教师必须了解儿童的内在需要、不同的兴趣爱好和潜在发展的可能性，给予儿童自我发展的机会。运动游戏中教师能够关注到个别幼儿的游戏情况，并且以录制视频的方法记录下来，在游戏后再进行回顾和记录幼儿游戏的过程，并且对幼儿游戏情况进行分析和反思，这样的方法值得学习。		

第三节 年段小组——联手合作成团

一、小班年段"圆圈大作战"运动区域的研修实录

表 4-3-1 小一班运动区域"圆圈大作战"的微视频现场教研记录

微视频现场教研：小一班运动区域"圆圈大作战" 问题聚焦： 幼儿在玩自制体育器械时会经常频繁更换运动器材，对一些器材的使用和规则也不明确，这使得幼儿在运动区域玩时会有很大的阻碍和干扰。 "哇时刻"呈现： 又到了去运动区域玩的时候了，小叶对运动区域充满着热情，看着这么多体育器械，小叶显得有点难以选择，在经过了一番思考之后，小叶最终拿起了套环和路障。选择好器械之后，小叶选了一处空旷的地方玩起了套圈，只见小叶站在路障旁边，轻而易举就把手里所有的套圈都套到了路障上面，小叶为自己的"成功"感到开心，但是反复了一两次他就失去了兴趣，觉得太容易了，把器械一丢又去拿豆包投掷目标物，结果出现了同样的情况，由于站得太近，游戏变得异常简单，没有挑战性，反复几次之后小叶又对豆包失去了兴趣……  图 4-3-1 小叶站在路障旁套圈

续表

优化建议：
在幼儿体育活动中，教师采用开放式的指导方式，针对活动的不同器械、环节和问题，在一日生活中展开谈话。另外，教师增加了一些辅助材料和图标记号来进行规则暗示，在运动区域活动中，教师也应当发挥指导参与作用。
研修反思：
本次研修围绕"运动区域中的规则提示"开展，教师们提出可以利用游戏前后的谈话来帮助幼儿共同梳理问题，拟定规则，或在场景中加入图片提示，但幼儿角色意识不强烈，否决了加入裁判员的提议，但游戏的趣味性不够强，教师们在下一次的研修中可以聚焦区域游戏的趣味性。

表4-3-2　小一班运动区域"圆圈大作战"空间设置的困惑研讨

运动区域 内容介绍	"圆圈大作战"是运动主题活动下最后一个阶段的活动。前期幼儿积累了玩各种圆圈器械的经验，幼儿可以进行"打保龄球""套圈""丢沙包""赶小猪""小兔跳彩圈"等游戏。
老师反思	在运动游戏的过程中，充分利用了游戏的场地空间。如遇雨天，可在午睡室进行"圆圈"游戏。除了午睡室，教室也可以被利用起来，幼儿可以在教室里"赶小猪"，教室里的桌椅、柜子可以被设置成障碍物。可以利用门口的走廊，也可以在墙面添置果树，幼儿在一定距离外投掷"果子"软球。
教研团队 便利贴	合理利用空间场地，可以投放同一类的游戏器械，形成一个游戏接着一个游戏的布局，有连贯性。 让游戏更有情境性，比如"赶小猪"游戏，可以在障碍物上添设一些树林、草丛，让游戏更有趣好玩。 除了雨天，要选择户外大一些的场地，便于幼儿游戏活动。

表4-3-3　小二班"圈圈乐"运动区域游戏案例现场研磨

运动区域	圈圈乐	研磨团队	小二班
第一次 观察发现	幼儿第一次玩这个游戏时对"套圈圈"感到很新奇，尽管有三组，他们仍争先恐后地想来试一试，导致幼儿们忽略了这个游戏的规则；虽然有些幼儿能够套进圈圈，但是没有在指定的定点上去套圈。		
第二次 观察发现	由于第一次幼儿们没有在定点上去套圈且游戏规则意识薄弱，第二次教师用了小椅子来当定点——幼儿站在椅子后面排队，依次游戏。游戏时有个别幼儿不会站在椅子后，其他的幼儿都能遵守这个游戏规则，对套圈游戏仍有很高的积极性，并且大多数的幼儿都能套进。有些幼儿会一手拿三四个圈，有些幼儿只有一两个圈，在拿圈圈的数量上有差别，导致他们在套中的数量上也有时间差。技能的锻炼也较少；圈圈套住后没有幼儿去将圈圈取回，导致圈圈不能重复利用。		
调整策略	1. 启用小椅子来当定点，幼儿站在小椅子后依次进行游戏。 2. 规定每个人手拿圈圈的数量。 3. 每组选择一位套圈最为准确的幼儿为小助手，在圈圈用完后能取回圈圈，再次游戏。		
观察后思考	幼儿们很喜欢这个游戏，在第一次游戏时很兴奋，争先恐后地想来试一试而忽略了这个游戏的规则。为了更加明确这个游戏是有定点的，教师借助小椅子提醒幼儿站在小椅子后依次进行游戏，所以在第二次游戏时幼儿是有进步的。调整第二次观察时所出现的问题，幼儿在之后的游戏中都有进步。现在大部分的幼儿都能套进圈圈了，教师将幼儿与被套圈的物体再隔开半米来试一试。		

表 4-3-4 小二班运动区域"圈圈乐"的金点子研修记录

运动区域"金点子"大聚汇	
游戏内容	小二班运动游戏"圈圈乐"
本次研讨聚焦内容	从以上游戏情况来看,在材料、内容方面比较单一,所以下一步延展方向从这两个方面来着手调整。
下一步延展方向	下一步教师将"圈圈乐"的游戏材料进行扩充,从单一地用圈圈套桌脚、椅子脚延展到套矿泉水瓶、油桶、茶叶罐、易拉罐等,激发幼儿的兴趣。 玩法调整:除了拿在手上进行套圈游戏,还可以将"圈圈"放在地上,引导幼儿将沙包、报纸球等投掷进"圈圈"内。
智慧锦囊小妙招	1.除了以上游戏的玩法,可以在运动区域内投放进更多的运动游戏材料,例如把亿童运动包的材料也加入,引导幼儿发现材料两两组合或更多材料的组合玩法。 2.请已有经验的幼儿与全班分享并交流讨论更多的游戏玩法。 3.扩大游戏空间,将幼儿最喜欢的几个游戏进行活动的延伸。 4.通过随机谈话,教师及时帮助幼儿梳理经验。

二、小班年段"小动物大闯关"运动区域的研修实录

表 4-3-5 小四班运动区域"过河"的微视频现场教研记录

微视频现场教研:小四班运动区域教师材料投放策略运用 问题聚焦:如何将情景性材料有效融入体育锻炼,并激发幼儿进行体育锻炼的兴趣。 "哇时刻"呈现: 晨间活动时,幼儿利用呼啦圈、独木桥、拱门进行晨间锻炼,大多数的幼儿在经过呼啦圈时,尝试用双脚跳的方式进行锻炼,可是真真还是用走的方式。突然,其中一个小朋友腾文艺过独木桥时不小心掉了下去,颜辰宇大叫:"你掉到河里去啦!"腾文艺马上站上独木桥。真真又来到了呼啦圈这里,我赶紧对着真真说:"真真,过河了,要踩在河上的石头上哦!哎呀,水流太急了,石头被冲走了一个!"我边说边拿掉了一个呼啦圈。真真见状,只能用跨的方式过呼啦圈。"真真你真棒,想了这个办法走石头!"胡跃飞来了,我又赶紧拿掉了一个呼啦圈:"水又冲走了一块石头,越来越有难度了!"胡跃飞轻轻松松地跳过了一个个障碍。"你也很棒,用不一样的办法走石头。"幼儿在"过河"的情境下,努力闯过了一个又一个难关,成功地走过了水流湍急的河流。 优化建议: 1.结合情景游戏进行体育游戏。 2.结合情景游戏,适当添加一些难度大一点的材料,如将龟壳、积木等进行组合,增加游戏的难度。 研修反思: 呼啦圈、独木桥、拱门这三种材料分别锻炼幼儿走、跳和钻的能力,幼儿可以根据自己的游戏水平进行游戏,教师看到幼儿的能力有所提高,再进行一次材料的调整,如将呼啦圈和呼啦圈之间的距离远近进行调整,还可以将两个呼啦圈平行摆放,两脚分开跳等。

表 4-3-6　小四班运动区域"过河"空间设置的困惑研讨

运动区域 内容介绍	利用户外操场开展"过河"情景性运动游戏，将彩虹桥、呼啦圈、龟壳、拱门等多种材料进行组合，锻炼幼儿双脚并拢跳、平衡、钻等动作能力的发展。
老师反思	虽然"过河"的情境体育锻炼有多种技能锻炼的结合，加上情境的结合，幼儿的兴趣点比较高，但是经常会出现"堵车"的尴尬情况。是不是应该在小河的线路上有更多的调整，如：将线路进行分支设计，让幼儿可以通过多条线路过河，避免等待现象。也可以将线路进行适当延伸，通过设置不同难易程度的线路，让运动能力不同的幼儿都能进行挑战。
教研团队 便利贴	1. 可以将"过河"情境改成"小动物过河"，分岔出更多的路线，例如，加上通往小白兔的家、小鱼的家、小刺猬的家，融入更多的情境，结合更多的器械，幼儿扮演各种不同的小动物"过河"回到各自的家，有了更多的路线避免消极等待。 2. 合理规划操场的空间，可以利用幼儿的桌椅，增加挑战性。 3. 将孩子分组进行游戏，或者将运动线路循环起来。 4. 可以将游戏空间与旋转烟囱进行有效结合。

三、中班年段"玩转魔布"运动区域的研修实录

表 4-3-7　中一班运动区域"玩转魔布"的微视频现场教研记录

微视频现场教研：中一班运动区域"玩转魔布"教师空间设置策略运用 问题聚焦：观察幼儿在游戏中发现魔布与空间的关系 "哇时刻"呈现：将布和纸球相结合，幼儿制作出了会"飞"的流星球，刚开始在午睡室和教室进行投准游戏，有的投在小背篓里，有的投在圆圈里，这时明明发现将"流星球"投在走廊的墙上，"流星球"会反弹回去，有时会将球弹得远远的，幼儿的兴趣又一次被激发了。 优化建议：拓展"流星球"玩法的多样性。可以将游戏空间拓展至墙面、地面等，将室内与走廊利用起来，增加游戏的挑战性。 研修反思：在研修中，老师发现幼儿探索了"流星球"的多种玩法，后期老师们建议还可以拓展其他可利用的空间，如墙面、地面、走廊空间，将流星球与魔布、弹弹布进行组合，在走廊环境中设置一些不同难度的闯关游戏，鼓励幼儿与同伴合作进行挑战，培养幼儿的团队意识。

表4-3-8 中一班运动区域"玩转魔布"空间设置的困惑研讨

运动区域 内容介绍	幼儿在运动区域中利用多种布条,自主探索布条的不同玩法。比如,"会飞的 小球"等游戏活动。
老师反思	在活动开展的过程中,将布和纸球相结合一起制作会"飞"的小球,游戏中老师们发现了一些问题,之前老师预设的重点是锻炼孩子的手臂力量,但是在投掷的过程中发现空间的布局不适宜开展该游戏。比如,幼儿投掷时,很容易打到教室里的灯、电视机、窗户,所以如何合理利用空间是我们要思考的问题。  图4-3-2 "会飞的小球"活动现场
教研团队 便利贴	建议: 1.合理规划教室的空间,将教室内的桌椅和柜子靠边摆放,以免干扰幼儿的运动。 2.将孩子分流进行游戏,或者将活动循环起来。 3.拓展合理的空间。比如,找一块空白墙,在墙上粘雌雄盘。将目标锁定,这样孩子活动能有足够的空间。 4.可以将教室内空间与走廊进行有效结合。

四、中班年段"勇闯封锁线"运动区域的研修实录

表4-3-9　中一班运动区域"勇闯封锁线"的微视频现场教研记录

微视频现场教研：中一班运动区域"勇闯封锁线"教师材料投放策略运用
问题聚焦： 1.本班幼儿比较喜欢玩一些"军事化内容"的游戏，但是原先因为场地等原因没有开设这类游戏。 2.前期的材料投放比较简单，主要聚焦于如何投放材料使游戏更有情境性。 3.如何在游戏中锻炼幼儿从高处往下跳、单脚跳、双脚跳等能力。 "哇时刻"呈现： 在以小椅子为障碍物时，需要幼儿勇敢地跳过障碍物，但是一开始，有很多幼儿都不敢从椅背处跳下来。后来我们就拉住幼儿的一根手指头，请他们放心往下跳，后来尝试了几次后，有几个胆子大的男孩子没有用拉手指的方式，自己从椅子背后往下跳，同时两条腿落地时都非常稳，小家伙们都非常开心。 优化建议： 先调整一下材料，从简单的、比较低的物体上往下跳，让幼儿先体验这种感觉。从椅背上跳时，我们可以先给幼儿一个支撑物，如我们可以先扶一下或虚空抱一下等形式来让幼儿适应高度。当幼儿适应后，再从椅背处往下跳时就会简单一些，也不会这么害怕。 研修反思： 通过这次研修发现，我们在游戏材料的投放上还是有很多的不足。材料比较单一，缺乏多样性和丰富性。在以后的调整中，我们准备及时更新材料，丰富材料的品种，创设有趣的情境，让幼儿产生对游戏的积极性。从而提升幼儿的思维能力、运动能力、社交能力等。

表 4-3-10 中一班运动区域"勇闯封锁线"空间设置的困惑研讨

运动区域 内容介绍	幼儿作为送信员,穿过封锁线将信件传到自己小组的信箱内。封锁线由软棍格子路、椅子桥、荷叶桥、钻地洞等环节构成。
老师反思	由于幼儿对军事游戏非常感兴趣,于是我们在室内体育锻炼中设计了"勇闯封锁线"的游戏。锻炼幼儿勇敢、自信、坚持和不怕困难等良好的个性品质。同时在争做合格小兵的过程中,提高动作的协调性和灵敏性。 在游戏过程中,教师发现由于场地和材料的限制,导致情景性和趣味性并不是很高。在游戏最初,投入了椅子、桌子、小型体能环。在游戏开始阶段,幼儿兴趣比较足,但玩一段时间后,幼儿的兴趣就缺失了。在游戏的场景布置和材料的增设中,我们想投入一些可以增加难度的材料。如,梯子、爬爬垫,考虑幼儿的个体差异,同时设置简单和较难的障碍,让幼儿在游戏的过程中充满趣味性。 图 4-3-3 幼儿在室内进行"勇闯封锁线"游戏
教研团队 便利贴	1. 班级场地的设置可以更具有情境性,如给幼儿增添一些军用的服装道具、小武器,等等。 2. 在体育锻炼游戏中的材料可以更丰富些,现在所用的材料只是局限于桌子、椅子、举重器、体能环、软棍、抛接球等。可以增添一些高难度的器械如梯子、轮胎、吊床等,让幼儿进行游戏。 3. 班级空间不够时可以将教室门口的走廊进行利用,扩展区域空间。 4. 可以加入一些音乐,增加情境性。

表4-3-11　中一班"勇闯封锁线"运动区域游戏案例现场研磨

运动区域	勇闯封锁线	研磨团队	中一班
第一次观察发现	在用椅子和桌子等材料布置的游戏情境中，教师发现幼儿在游戏的过程中比较散漫，兴趣不是很高。老师在引导的过程中，所采取的策略不是很到位，基本是以语言引导，当幼儿被老师引导的时候会回去玩，但过一会儿就表现出疲惫的状态。		
第二次观察发现	 图4-3-4　幼儿爬梯子 在游戏的过程中，老师将空间延伸到了走廊，增加了梯子、木板等材料。但是发现，幼儿对梯子等材料的运用非常喜欢，当走过木板桥时，有很多胆子较大的幼儿都来尝试走木梯，特别是走过第二个梯子时感觉幼儿很有成就感。在场景的布置中，是否可以将梯子放在室内，相对会比较安全，因为在二楼，虽然有老师保护，但攀爬梯放置在室内会更合适些。		
调整策略	1.教师可以用角色融入的方式引导幼儿进行游戏。 2.场地布置要考虑趣味性、安全性。 3.增加一些较动态的歌曲，调动幼儿的积极性。		
观察后思考	以故事情节贯穿整个体育锻炼活动，让幼儿保持对活动持久性的兴趣。在指导练习时，通过观察有意识地提醒不同的幼儿选择挑战适合自己的高度。在活动中，幼儿参与活动的兴趣非常浓厚，基本都是按活动规则进行着，增加了幼儿的活动量。		

表 4-3-12 中一班运动区域"勇闯封锁线"的金点子研修记录

运动区域"金点子"大聚汇	
游戏内容	中一班运动游戏"勇闯封锁线"
本次研讨聚焦内容	玩法的延伸
下一步延展方向	根据已生成的游戏玩法,结合幼儿的想法,在此基础上对游戏进行调整,创设更有趣、更受幼儿喜欢的游戏活动,如可以加入通关牌、对垒规则等。 下一步,我们准备拓展空间,利用走廊和教室的空间增设皮筋钻爬、持物翻越梯子、持重爬山洞等游戏环节,让幼儿通过走、跑、跳跃、投掷、平衡、钻爬、攀登等动作练习,提升体能,提高注意力和思考能力。
智慧锦囊小妙招	1. 在"勇闯封锁线"的游戏活动中,可以加入通关牌。当幼儿每次闯关成功后,到守关员处领取通关牌,证明在此处闯关成功。 2. 在人员设计时可以设计"小小工兵连",在"小小工兵连"执行任务遇到困难时由"百姓"组成的"支援队"前来协助完成"渡河架桥""跨沟搭架"等工事活动。 3. 可以适当增加一些对垒游戏,如:发现敌人该怎么解决?

五、大班年段"民间游戏乐"运动区域的研修实录

表 4-3-13 大二班运动区域"民间游戏乐——滚铁环"的微视频现场教研记录

微视频现场教研:大二班运动区域"民间游戏乐——滚铁环"材料投放策略运用 问题聚焦: 铁环比较细,在游戏时,幼儿尝试数次都不成功,导致他们失去对游戏的兴趣,最终滚铁环成为众多游戏中最为"冷门"的游戏,只有个别幼儿能探究滚铁环的掌握技巧。 "哇时刻"呈现: 畅畅和晗晗尝试玩铁环,第一次玩铁环,都不会玩,两人模仿老师把铁棍套在铁环上并一路小跑,但失败了,之后她们寻求帮助,老师示范了一遍后,畅畅模仿着老师把铁环放前面,平稳后再让它滚动。晗晗指着铁环上的两个圈圈说:"老师刚才好像是把铁棍勾在铁环上的小圈圈上。"说完又进行了尝试,这次铁棍一下子就滑到最上面了。再次进行尝试,畅畅发现要把铁棍勾在铁环最下面的位置,这次畅畅能带着铁环跑一小段路了。可晗晗试了下还是不行,畅畅就像个小老师似的教晗晗,试了3次后终于成功地把铁环滚了一段,两个人都很开心,继续尝试滚更长的距离。 优化建议: 滚铁环是幼儿自发选择的民间游戏,但游戏时比较困难,可寻找滚铁环的视频,或者分解视频,让幼儿先了解最初的玩法,同时,鼓励幼儿自我探索游戏玩法。游戏中幼儿之间可以互相帮助,互当小老师,讨论其中的技巧,进行再次尝试。 研修反思: 通过本次研修,教师对滚铁环这个民间游戏做了剖析,罗列了幼儿不喜欢玩滚铁环的原因: 1. 找不到支撑点。 2. 滚铁环时钩子勾不住铁环,铁环容易倾斜。 3. 铁环会自己"不听话"地乱滚,很容易掉。 教师也找到了滚铁环的"秘诀",我们将这些技巧优化后渗透到接下来的滚铁环的游戏中,比如一步步分解,教幼儿如何滚铁环,或者请会滚铁环的祖辈来园教幼儿,希望幼儿对这个游戏能再次产生兴趣。

表4-3-14 大三班运动区域"民间游戏乐——跳竹竿"的微视频现场教研记录

微视频现场教研：大三班运动区域"民间游戏乐——跳竹竿"材料投放策略运用
问题聚焦： 做"跳竹竿"的游戏时要考虑幼儿之间的配合度，如拿竹竿的幼儿配合不默契，就会导致跳竹竿的幼儿摔跤或踩到竹竿。通过幼儿在游戏时对材料的把控能力，比如在力度上、节奏上，如何使拿竹竿的幼儿与跳竹竿的幼儿能默契配合，是本次研修的重点。
"哇时刻"呈现： 今天我们开展音乐活动"跳竹竿"，名叫许多的幼儿一看到竹竿就很兴奋，一直举手说想要尝试跳竹竿，说："我知道怎么跳，我也见过！"他先用左脚，当竹竿一开，他马上就把脚放进去，又马上跳出来。第二次，他快速伸左脚，竹竿也跟着节奏开合，后来因为控制竹竿的锵锵错了一个节奏，许多的脚就被夹住了，说："你们节奏要跟上，要不然我不能跳了！"控制竹竿的两个小朋友更加专心了些，许多也慢慢找到感觉，但只会最简单的双脚跳。
优化建议： 通过幼儿尝试跳竹竿，了解"跳竹竿"这个活动对幼儿来说是不常见、不熟悉的，尤其是幼儿脚步和节奏的配合。但可以通过讲解、示范脚上动作以及合作分合竹竿的方法，让幼儿直观感受。还可以将跳竹竿延伸到幼儿体育游戏中，晨间锻炼中，帮助幼儿熟悉玩法的同时给他们时间创造新的玩法。
研修反思： 本次研修，将如何使拿竹竿的幼儿配合默契作为重点，思考过许多办法，如教师指导，或请一个小老师作为指挥家，引导两个拿竹竿的幼儿，但考虑幼儿的自主性，研修出可以投放适量的节奏谱，让拿竹竿的幼儿可以看着节奏谱进行游戏，这样更加体现了游戏的自主性，也可以培养幼儿在节奏上的感知，或加入节奏鲜明的音乐，暗示幼儿根据节奏摆弄竹竿。

表4-3-15 大二班运动区域"民间游戏乐——益智区"空间设置的困惑研讨

运动区域 内容介绍	1. 翻花绳：提供一根彩色的线及图示，幼儿自主翻花绳。 2. "棋"开得胜：提供五子棋、斗兽棋等民间棋和记录表，供幼儿游戏及记录。
老师反思	在本次运动主题下，大二班创设了与主题相关的"益智区"。在区域游戏中，发现区域材料非常多，幼儿感兴趣的内容也非常多，但是益智区空间太小，桌子只有一张，棋盘等材料都比较大，幼儿在游戏时会互相影响。
教研团队 便利贴	材料丰富，符合年龄特点，具有创意性、自主性以及民间特色等。 在该区域中的墙面上添加民间艺术元素，起到环境暗示的作用，同时也为本区域的环境增添情境性。在进行棋类游戏时还可将棋牌装订在墙面上，在棋盘和棋子上贴上磁力片，方便幼儿游戏时拿取。在下运动棋子时，可将桌子移开，直接在地面上进行游戏。

表 4-3-16 大三班"民间游戏乐"运动区域游戏案例现场研磨

运动区域	民间游戏乐	研磨团队	大班组
第一次观察发现	跳竹竿时，琪琪总是被竹竿绊到，在观察中发现琪琪与其他两个幼儿之间沟通非常少，只是着急地跳，没有找到跳竹竿的规律。		
第二次观察发现	琪琪跳得很慢，而且和摆动竹竿的幼儿之间互动比较多，他嘴巴里一直叫着"一、二、一"，但失败后琪琪就开始灰心丧气了，不愿意再次进行游戏。		
调整策略	1. 观看民间游戏视频，给幼儿更多接触民间游戏的机会。在观看中让幼儿发现自己可以改进的地方。 2. 游戏中鼓励幼儿之间互相帮助，商量合作，自己想办法解决问题。 3. 采取以优带慢的形式，让先会的幼儿去当小老师，在带动中促进幼儿不断地进步。 4. 及时地评价幼儿的表现，鼓励幼儿的每一点进步。		
观察后思考	在观察中发现幼儿对于自己掌握不了或者接触少的游戏材料很有兴趣，但是缺少游戏的持久力和游戏技巧。在游戏材料的选择和准备上，可能需要逐渐增加难度，比如跳竹竿时可投放一些节奏谱，两个拿竹竿的幼儿看着节奏谱摆弄竹竿。节奏感较强的幼儿玩游戏时，可以播放一些节奏鲜明的音乐，让幼儿自己找到节奏进行游戏。 在做完游戏后，给幼儿留出自己思考和反思的时间，让幼儿自己来说一说，效果更佳。		

表 4-3-17 大班运动区域"民间游戏乐"的金点子研修记录

运动区域"金点子"大汇聚	
游戏内容	大班运动区域"民间游戏乐"
本次研讨聚焦内容	对"民间游戏"进行改编和创编
下一步延展方向	1. 幼儿开展各类民间游戏并投票选出最喜爱的民间游戏和最难玩的民间游戏。 2. 对于幼儿觉得难以进行的游戏，幼儿与教师共同探讨，如何将游戏变得简单易玩，比如，踢毽子对于幼儿较难，可用一条线绑在毽子上，幼儿手拿线的另一端来踢毽子。 3. 教师根据幼儿对民间游戏的喜爱程度，结合幼儿的年龄特征和发展水平，同时结合一些时代的元素来创编游戏，与幼儿一同研讨民间游戏的新玩法。
智慧锦囊小妙招	1. 很多民间游戏都配有相应的儿歌、童谣，随着时代的变迁，部分儿歌内容已陈旧，幼儿很难理解，可以对它进行改编，赋予其新的内容，使之与时代精神、幼儿身心健康发展相适应。 2. 有些民间游戏在进行过程中危险性较大，可以适当地对其玩法、规则进行改编，使其内容与形式更为丰富和灵活，充分满足幼儿的需要。比如，"老狼老狼几点钟"，幼儿在往回跑时容易摔倒或与其他小朋友碰撞，将这个游戏与"你追我赶"结合起来，允许幼儿在逃避追逐的过程中立即抱住自己说："冻住。"这样老狼就不可以抓这个被"冻住"的小动物了。

六、大班年段"寻宝奇兵"运动区域的研修实录

表4-3-18　定向运动"寻宝奇兵"的微视频现场教研记录

微视频现场教研：大二班定向运动"寻宝奇兵"教师材料投放策略运用

问题聚焦：

1.幼儿是否能够看懂幼儿园平面图，按次序找到点标。

2.投放的材料是否能提升幼儿运动能力，激发幼儿游戏兴趣。

"哇时刻"呈现：

队长带领5名队员，仔细观察手中的平面图。顺利通过了前面点标1（旗台）的任务。他们看到操场有定点站位的负责老师，马上跑过去说："找到了，我们快来完成任务吧。"队员兴奋地跑了过去，想赶紧完成运动任务。但是分管的老师摇摇头，示意幼儿再仔细看看手里的地图。队长拿着地图对队员说："你们看，这里是第8个点标，我们现在要去找点标2。""哦！要按照点标的顺序来玩。"瑞瑞说。这时另外5名队员围拢过来，赶紧看地图。他们边走边讨论，很快找到了2号点标位置，顺利通过。

优化建议：

1.增添任务大转盘，增进幼儿可以自主游戏的机会。

2.提供运动任务盒子，增加游戏情景，提升游戏乐趣。

3.分别提供团队的标志，有色彩的队服。

研修反思：

教师在活动前做大量准备工作，包括地图绘制、运动场地布置、幼儿记录表的设计，等等；花费大量时间，对幼儿而言用处不大，运动量不足是关键。在游戏过程中，幼儿团队意识还不是很强，很容易分散开来。可投入颜色分明的粘球衣当队服，或以不干胶贴在衣服上当队标。在点标处的运动项目都是教师事先布置好的，这使得幼儿自主性得不到体现。可增加大转盘，或增加运动任务卡等，增加幼儿自主游戏机会的同时，也增加了幼儿在游戏中的运动量和对运动技能的锻炼。

表 4-3-19 大一班、大二班定向运动游戏"寻宝奇兵"的困惑研讨

呈现情况:《消失不见的绿宝盒》	可心和天煜一组,在1号点标位置找绿宝盒。天煜把轮胎区红、黄、蓝三个盒子都找了出来,但没有找到绿宝盒。他们在1号点标处找了很久(11分钟左右),一直没有找到绿宝盒。可心有点着急,老师让他们先完成后面的点标任务。她显得闷闷不乐,开始不同意,不想放弃。过了一会儿她再次去寻找,终于在一个角落的轮胎缝隙间找到了绿宝盒。
老师反思	孙伟飞:宝盒藏得太好了,很多小队都找不到。其实定向运动还是以看地图找点标为主,找宝盒的环节可以不要。 郭玲:是前面一队的小朋友把盒子藏起来了,老师要提前跟孩子约定好,不可以藏。 钱伟圆:我们定向游戏主题是"寻宝奇兵","寻宝"是一个主题情景的需要,但是过多时间用于寻宝是不妥的。考虑到孩子的兴趣、运动量等多方面的因素,我们可以弱化寻宝"寻"的过程,将"宝藏"精确地放在地图点标的位置。 郑璐娜:我们的点标位置不够精准,孩子在寻宝的过程中浪费的时间太多了,任务没有完成,这也会影响孩子参与游戏的积极性。我们还是要把地图点标标得更明确。 钱伟圆:我们的定向运动游戏感觉还是太复杂,幼儿要完成的事情太多,又要找点标,又要拿拼图,还要完成运动任务,最后要拼出完整拼图,能不能简化一下?
教研团队便利贴	"运动时间"——要把控好。 "点标精准"——方便幼儿寻找。 "弱化寻宝过程"——重点放在提高运动量上。 "简化游戏内容"——集中精力完成运动项目。

表 4-3-20 大一班"寻宝奇兵"定向运动游戏案例现场研磨

游戏内容	积分定向	研磨团队	大班年段组
第一次观察发现	游戏开始,晨曦和皓皓跑到平面图最远的地方,找到10号点标,在椅子上看到一支彩色笔,讨论:"我们是要拿这个水彩笔来记分数的,看看这里是几分?""数字是几?""地图上 ⑩—8,就代表找到这个 ⑩,记8分。" 一番讨论后,两个幼儿参照同伴的记录方式,在表格里写下正确的积分。		
第二次观察发现	与前一次的场地和内容不同,这次积分定向活动增加了任务环节。幼儿设计了不同的挑战任务,放在不同的点标处。幼儿边积分边完成对应点标任务。 但还是有很多幼儿在完成任务挑战的时候拿着积分表。场地上散落着好几张幼儿挑战时掉落的积分表。轮胎、脚踏车被几名幼儿从挑战场地推了过来。原来这次的挑战项目里,有滚轮胎一周这一项。他们就把轮胎滚到积分运动场上来了。		
调整策略	1.把A4纸的地图对折成3折,幼儿在做运动任务的时候方便拿取。 2.挑战项目要具有挑战性,尽可能远离点标位置。		
观察后思考	1.第一次玩积分定向运动游戏,幼儿学会看定向运动点标和对应的分值。 2.幼儿2人一组会有商量协作,也会有矛盾、争执。这恰好可以增进他们之间对游戏的认识和对规则的探究。 3.运动任务的场地需要有老师的监督和管理。挑战项目的场地要远离积分定向的场地,两个场地中间不能互相干扰。		

表 4-3-21　大一班定向运动游戏"寻宝奇兵"金点子研修记录

运动区域"金点子"大汇聚	
游戏内容	大班定向运动游戏"寻宝奇兵"
本次研讨聚焦内容	定向运动内容拓展
下一步延展方向	1. 增加定向运动游戏趣味性和挑战难度。 2. 场地扩大到幼儿园外。 3. 增加亲子定向运动的内容，请更加专业的团队带领幼儿开展一次园外定向运动游戏。
智慧锦囊小妙招	1. 运动内容更丰富，增加转盘自主选任务。 2. 在社区草坪开展定向运动。 3. 设置障碍，如跨栏或者钻网袋（设置为必须经过的地方）。 4. 积分定向可以设置成必须和自选两项内容（幼儿在规定时间里必须到达的点标，时间宽裕的幼儿再继续选择加分的任务）。 5. 增设往返跑的内容，加大运动量。

第四节 "哇时刻"——定格动态瞬间

一、"闪亮之星"定向运动游戏学习故事

（一）大二班"闪亮之星""哇时刻"记录——学习故事

观察内容：9号点标放错了！

观察时间：2018-05-08

观察对象：王子川、岚岚

观察教师：郑璐娜

※ 发生了什么？

幼儿自由组队，每队10人，组成了乐迪队（王子川担任组长）和多多队（多多担任组长）。和往常不一样，这一次由幼儿自己设置地图上的10个点标并正确放好10个点标处的打卡标识（彩笔＋贴纸）。事先两队已各自商量好10个点标位置。乐迪队的王子川看看地图，又看看记录纸上的打卡标识，一个个地分配任务。"彤彤，你去放第1个点标，第1个点标是在水池那里……"还没说完，岚岚就接上了："不用告诉我，我知道的！"说完，就拿着红色水彩笔去放了。分配好了10个点标任务，队员们都回到了大厅，王子川说："我们一起去检查一下！"说完，带着队员们去查看一个个点标。查到第9个点标的时候（种植地和涂鸦墙交界处）没有找到黑色的水彩笔，他想了一下，问："谁刚才负责藏黑色水彩笔的？"他看到岚岚嘟着嘴在一边，便问："岚岚，你快告诉我，你放哪里了？我不会生气的！"岚岚有些不开心，

105

支支吾吾不肯说，在其他组员的共同安慰下，岚岚不好意思地拿出了放错的彩笔。王子川把彩笔放到了正确的地方后，迅速召集所有队员到大厅集合。

图 4-4-1　两队事先商量要为对方设置哪些点标

图 4-4-2　队长分配任务，放置打卡标识

※ 学习了什么？

王子川：你的识图能力非常强，所有的点标都能够快速地识别，并且有很强的组织能力和任务分配能力。在游戏中，你非常地细心。当所有的队员都快速藏好点标后，你能一个个地检查并修正错误，安慰组员，表现得很棒。

岚岚：岚岚的团队意识很强，快速地完成队长分配的任务，虽然点标处的打卡标识藏错了，但也能很快调整自己的情绪，和队员一起完成任务。

※ 我们还能做什么？

1. 和幼儿讨论设置点标时需注意的事项，如每次放置打卡标识的时候，几个人去最好？为什么？

2. 肯定乐迪队的团队合作精神。

3. 6号点标位置没有可固定的地方，打卡标识（彩笔）直接放在上边，可能被幼儿园其他小朋友拿走，多多队最后无法完成打卡。建议幼儿最好先到实地查看，将点标设置在便于固定的地方。

（二）大二班"闪亮之星""哇时刻"记录——学习故事

观察内容：把他们的盒子藏起来

观察时间：2018-03-22

观察对象：王子川（子川）、屈逸洋（洋洋）

观察教师：王加冕

※ 发生了什么？

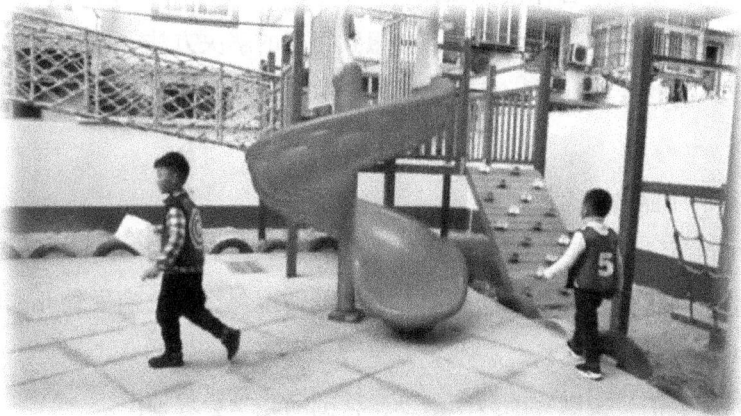

图 4-4-3　幼儿根据地图寻找盒子

子川和洋洋拿到地图后，仔细看了看，发现第一个点标在树屋滑梯处，两个人很快就到达了滑梯处。洋洋说："我在下面找找。"子川说："好！你在下面找，我到上面看看。"可是他们在滑梯上下找了一圈都没有发现。

于是他们又凑在一起看地图，洋洋说："好像是在角落里。"说完，他跑到滑梯下面开始找，边找边嘀咕："这里就是角落！"可是找来找去还是没找到。过一会儿，子川发现了藏在轮胎里面的宝盒，他兴奋地说："我找到了！"可是他找到的是红队的盒子，他说："把他们的盒子藏起来！"说完，就把红队的盒子藏到了楼梯拐角处。

接着他们继续找，终于找到了自己队的盒子，盒子上写的任务是两人跳绳。洋洋说："跳绳啊，可是这里没有跳绳啊。"想了一会儿，又说，"哦，我知道了，楼上有！"说完，就跑到楼上拿到跳绳开始跳。任务完成后，继续找第二个点标。

※ 学习了什么？

子川：你是一个很有想法很有主见的小朋友，你的方向感很强，识图能力也不错，会和同伴分工合作，共同完成任务，有很强的竞争意识。在游戏中你能坚持完成挑战。

洋洋：你是一个合作意识很强的小朋友，很会分配任务，在游戏中能够积极投入。当你发现没有绳子时，会想到很好的解决方法，而且你在看图时，很会观察，能够发现细节，看到宝盒被藏在滑梯下方的角落里。

※ 我们还能做什么？

1. 共同商讨，约定规则：只找自己队的盒子，不把别的队的盒子藏起来。

2. 组织幼儿讨论：如果遇到没有材料的情况怎么办？启发幼儿大胆思考，独立解决问题。

3. 开展关于"识图"的教学活动，帮助幼儿学会看地图。

二、"运动未来星"运动区域学习故事

中三班"室内体育锻炼""哇时刻"记录——学习故事

观察内容:一次"翻山越岭"的风波

观察时间:2017-10-30

观察对象:王瑞阳、陈雨彤

观察教师:赵小春

※ 发生了什么?

图 4-4-4 幼儿在桌子上思考是否往下跳

运动游戏开始了!孩子们各自玩着感兴趣的游戏活动,王瑞阳站在一旁,看着其他小朋友陆续在叠加的两层桌子上往下跳。过了一会儿,他也跟着爬了上去,半蹲在两层的桌子上面,想试着往下跳,但一直蹲在桌子上犹豫着。一旁的陈雨彤说:"王瑞阳,你快跳下来呀!""好高呀!"王瑞阳自言自语地说道。"你快呀,不用害怕的。"陈雨彤说。

"太远了,你帮我把垫子移过来一点儿。"陈雨彤看了看,开始移动起了大垫子，移好后，又开始提醒王瑞阳往下跳。"你再往前。"只见王瑞阳一会儿身体往前，一会儿往后，不敢往下跳。他看了我一眼，我举起手握紧拳头示意他加油，王瑞阳对着陈雨彤喊道："陈雨彤，垫子太远了，你帮我往前，移到底。"他一直让陈雨彤不断调整垫子的距离。排在王瑞阳身后的郁宇宸一直催他，快点往下跳。

王瑞阳眼睛一直盯着下面的垫子，底下的小朋友开始呐喊起来："王瑞阳加油，加油！"王瑞阳一边扶住桌子边，一边喊，请许裕华和麻辰浩帮忙再次移垫子，然后深吸了一口气，纵身一跳，很快跳了下去，成功后马上做了振臂欢呼的动作，接着又开始排队尝试了起来。

※ 学习了什么？

王瑞阳：你是一个乐于尝试、敢于挑战的小朋友。在游戏、运动等方面，能够主动尝试参与，虽然有些紧张和害怕，但你没有因为这些原因而放弃挑战，而是寻求多种方式来缓解自己心理和行动上所造成的害怕与紧张。你有一定的坚韧性，知道自己想要做什么，你愿意听取他人的意见，也很积极地克服困难，游戏中不断地感受挑战所带来的乐趣。

陈雨彤：你是一个善于帮助别人，有很好的社会交往技能的小朋友。游戏中当同伴紧张不敢挑战时，你能够想办法鼓励他人，你有良好的交往、沟通技能。

※ 我们还能做什么？

1.结合照片和视频，幼儿分享自己探索游戏的经验，说一说自己在游戏中玩了什么，是否遇到什么困难，从而更好地梳理幼儿的游戏行为。引导幼儿观察，及时肯定幼儿积极克服困难的行为，为其他幼儿起到榜样示范的作用。

2.教师的言语和肢体语言的鼓励对于幼儿来说是非常重要的，教师一个赞许的目光，都有可能引起幼儿强烈的反应，激发幼儿的自信心，让幼儿在教师的引导下获得成功。

3.作为家园共育的契机。将孩子的游戏情况和家长交流，遇到困难时锲而不舍的精神对于幼儿成长来说很宝贵，希望家长在家中也能为幼儿提供多种自主探索机会，促进幼儿自主发展。

三、"百变大绳"运动区域学习故事

大三班"百变大绳""哇时刻"记录——学习故事

观察内容：不放弃的绳子

观察时间：2018-04-20

观察对象：张潇南（南南）、赵珈妮（畅畅）

观察教师：崔许霞

※ 发生了什么?

晨间锻炼时，南南多次尝试将绳子和万能工匠进行组合。畅畅尝试用跨绳的方式来战胜绳子，随着绳子高度的不断上升，畅畅有点着急了。南南面对绳子也展现了无畏的精神，助跑后一下子跨了过去。玥玥非常羡慕："我也想试试，你这是跨不是跳。"其他小朋友看到南南绑好的绳子后都来尝试用脚跨过绳子，有小朋友是慢慢地跨过去的，有小朋友学习南南的助跑式跨绳动作。绳子高度不断上升，跨跳的方式已经不能够满足小朋友的需要了，畅畅、南南尝试起翻跟头。

畅畅的想法很好，但她翻跟头技巧掌握得并不好，她双手趴在地下，右脚尝试去够绳子，但左脚却怎么也抬不起来。南南尝试翻跟头时他的双手着地，双脚也能够先后抬起来，利用抬脚的高度轻松翻过了绳子。

图 4-4-5　幼儿尝试翻跟头越过绳子

※ 学习了什么？

在整个早上的活动中，南南你一直是游戏的主导者。把绳子绑在万能工匠上自己开始游戏，虽然在玩的过程中绳子多次滑落，万能工匠也多次摔倒在地，但是南南小朋友一直能够坚持完成组合并进行游戏！你的翻绳技巧真的掌握得很熟练了，你以双手作为着力点将整个人翻过绳子，这一刹那真令老师惊喜啊！

畅畅，你一直在游戏中不断尝试翻过绳子。从开始时的跳到跨，再到翻，畅畅在面对不同难度和高度的绳子时，你会转变自己的思维方式，不断地进行新的尝试，在跨绳时你小心翼翼地尝试不碰绳子的样子真可爱！

※ 我们还能做什么？

1. 活动前谈话引导：在户外活动前先带领幼儿有目的地进行谈话，幼儿能充分思考并说出绳子游戏的创意和组合玩法，再将设想用于实践。

2. 在适当的时机教师适当地介入。

3. 反思为什么个别幼儿不愿意参加玩法的创新，在活动中考虑到幼儿的个体差异性，引导他们将兴趣不断投入，鼓励他们进行游戏。

四、"绳子遇见烟囱"运动区域学习故事

（一）小三班"好玩的皮球""哇时刻"记录——学习故事

观察内容：好玩的皮球

观察时间：2017-12-12

观察对象：毛晨桦

观察教师：费浙云

※ 发生了什么？

晨间锻炼开始啦！今天我们玩各种各样的球，小皮球、篮球、羊角球……小朋友们也陆陆续续来幼儿园了，只见你开开心心地朝我走过来，跟我打了个招呼，就开始投入各种球的游戏当中去了。你慢悠悠地走到球筐前面，盯着球看了好久，左看看右看看，终于选了一个你所钟爱的颜色——蓝色小皮球。

图 4-4-6　幼儿挑选了一个钟爱的小皮球

你拿到小皮球之后就去玩了，你看到前面有一个投篮的圆洞，你赶紧跑过去想把皮球扔进洞里，第一次往洞里扔的时候，因为力气不够，把皮球扔

在了洞上。你又去把皮球捡回来，开始尝试第二次，但是这次皮球却从地上滚走了。可是你仍然不放弃，又把球拿回来，尝试第三次，这一次你用力地往圆洞一扔，皮球终于从圆洞里钻了过去。你开心地边跑边说："哇！我把球扔过去了，我是第一名。"

图 4-4-7　幼儿将球投入圆洞

※ 学习了什么？

给幼儿提供一些运动的材料，让幼儿自由地创设想玩的场景，这次给幼儿提供各种各样的球，幼儿在玩的时候就出乎我们的预料。

毛晨桦，你选择皮球之后尝试把球扔进圆洞里，虽然前面两次的尝试都失败了，但你还是不放弃，一直在尝试，直到第三次把皮球扔进圆洞里。通过这样的投掷活动，能够训练幼儿的感觉统合。通过这样的投掷活动，也能够提高幼儿的注意力，增加幼儿身体的灵活性。

※ 我们还能做什么？

在接下来的晨间活动中，教师可以给幼儿提供多种材料，比如想要发展幼儿投掷能力的话，我们不要只局限于提供一种材质的球，而是可提供不同材质、不同大小的球，像沙包、纸球、皮球……幼儿根据自身的能力，自主选择想要的球，创设想玩的场景，由幼儿来主导游戏。

在晨间活动以及教学活动中，教师可以引导幼儿用皮球玩出各种各样的游戏，让幼儿学会"一物多玩"。因为大部分的幼儿都具有发散性思维，一种玩具可以想出无数种玩法，这对于幼儿来讲是有好处的，让幼儿自己思索一物多玩的方法，去锻炼幼儿的智力发展。所以，我们在玩的时候，不要框住幼儿的想法，多去问问孩子，你们还有什么不一样的玩法。那么幼儿会给你意想不到的玩法。

（二）小二班"学走彩虹桥""哇时刻"记录——学习故事

观察内容：学走彩虹桥

观察时间：2017-12-11

观察对象：章以乐

观察教师：周安琦

※ 发生了什么？

今天体育课户外活动的内容是钻山洞过彩虹桥，孩子们都是第一次玩这个游戏，首先，老师请孩子们一起搬活动所需要的器械，搭好以后，老师就请孩子们去活动了。

以乐是班里个子最小的孩子，这一天也是他上幼儿园的第三天，一开始看到彩虹桥，他不知道怎么玩。看到小朋友们都排好队，一个个地走过彩虹桥，钻过山洞，他也跃跃欲试，但是老师带他到桥边时，他却说："我害怕，我不行。"打起了退堂鼓。在黄老师的鼓励下，他第一次尝试走彩虹桥，小手紧紧抓着老师的手，脚步颤颤巍巍地走在彩虹桥上，他动作很慢，慢慢地用挪动的方式在彩虹桥上行走。走到要钻山洞的地方，他从彩虹桥上跳了下来，他说："这个东西我不会玩。"老师在边上告诉他从洞里钻过去就可以了，他还是不敢尝试，后来小朋友从洞里钻过去，他跟着学，在老师的指导下也从洞里钻了过去。

在顺利玩过一次彩虹桥以后，第二次他自己顺着彩虹桥构建的路线走，这一次他说："我可以的，我自己来。"于是第二次的尝试中，他自己走上了彩虹桥，虽然走得还是有些摇摇晃晃的，但是已经好了很多。他自己把小手打开，保持身体平衡，慢慢地从一步步挪动变成可以走直线，之后他自己又尝试了几次，最后他可以和小伙伴一起排好队伍走彩虹桥了。

※ 学习了什么？

以乐：你是班里个子最小的小朋友，你的胆子有些小，之前也没有接触过这样子的平衡游戏，所以在游戏一开始你并不敢尝试，但是在小朋友的影响和老师的鼓励下，你勇敢地进行了尝试。第一次，你可以在老师的帮助下慢慢学习走彩虹桥，虽然你一开始并不能保持身体的平衡，颤颤巍巍的，但是你并没有放弃，你还是去尝试了，这点十分值得肯定。在小朋友的示范下，你很快就学会了这个游戏的玩法。第二次，你主动提出要自己走，你很勇敢，虽然可能心里还是有一些害怕，但是这次你自己主动尝试了，也不需要老师的帮助，你能找到学习的方式，你会把小手打开，找到让身体保持平衡的办法。老师希望你以后可以更大胆一些，要相信自己，勇于尝试，可以看看其他小朋友是怎样做的，相信你以后面对新的游戏时，一定能玩得更好。

※ 我们还能做什么？

1. 选择生动有趣的体育游戏内容，激发幼儿参与活动的兴趣。

2. 关注个别能力差的幼儿，引导其参与平衡游戏活动，发现其进步及时在集体面前给予表扬，帮助其建立自信，与大家共同进步。

3. 请家长大力支持和配合，形成家园合力，提高活动效果。

第五章　积少成多：

"七阶研习法"研修档案的积累与夯实

一、紧扣指标，归纳素材

根据对应的专业指标进行档案的收集与整理，例如浙江省幼儿园等级评定分为"一级幼儿园""二级幼儿园""三级幼儿园"，此外还有"浙江省现代化学校（幼儿园）"，每一等级都有对应的评估指标。本园档案根据"一级幼儿园"的指标进行整理收录。负责人细读指标体系，充分理解每一指标对应含义、所需档案内容。

"七阶研习法"研修档案归属于"省一级幼儿园"指标中"园务管理与教师队伍建设"板块下"有完善的教师培训、研修和教科研制度"条目。在开展园本研修过程中，我园留下了丰富夯实的研修过程性材料，在此基础上根据省一级指标的细则，去对应佐证，划分归类。

二、对标细则，齐整档案

在解读指标后，要注重对现有材料的筛选。"省一级幼儿园"指标相对笼统、概括，我园以"省一级幼儿园"指标为蓝本，将现有资料进行梳理。根据指标细则（见表5-1所示）一一对应，自评分析，以依据的形式进行罗列。

指标依据的制作属于档案整理前期的工作，便于后期整理、查阅。制作依据的关键是清晰、完整、一目了然。

评估标准	22-1	有完善的教师培训、研修和教科研制度。教师培训经费落实。		
	22-2	定期开展园本研修活动,研修有计划,有主题,有时间保证。		
	22-3	有切实可行的教师专业发展规划并付诸实施。每位教师的专业成长档案资料齐全。		
	22-4	每位教师平均每5年参加专业发展培训不少于360学时。		
	22-5	有市级以上优秀教师、教坛新秀、学科带头人等1人以上。		
	22-6	幼儿园近3年有市级以上课题,在市级及以上层面的研讨会、交流会做过专题报告。		
指标分值	6.5 分		自查分值	6.5 分
自评分析	幼儿园对青年、中层、骨干三类教师有不同的发展规划,教师撰写三年成长档案,进行师徒结对,对新教师有主题的培训,有较为完善的科研培训等。我园重视教师有切实可行的近期和中长期师资培训和教师专业发展计划,每位教师有个性化专业成长档案,资料齐全。			
依据	22-3	幼儿园三年规划 2017—2019学年幼儿园学期计划 2017—2019学年教师成长档案(抽样) 2017—2019学年幼儿园新教师培训计划与过程性记录(抽样) 　　最美遇见、扬帆起航——让工作充满智慧和幸福 　　学习故事专题研修 　　新教师为优化备课撰写专题研修 2017—2019学年幼儿园科研培训计划与过程性记录(抽样) 　　科研讲座:《善发现·勤钻研·获成果》 　　行走运河课程指导 　　市区级课题开题、中期论证指导会		

表5-1 "省一级幼儿园"指标细则

三、锦囊襄助，研而有道

本园在整理和积累相关档案时总结了一些锦囊妙招。

问题一：如何积累和留存园本研修资料？

整理档案时，常会遇到前期资料不全，需要后期补充的情况，所以需要负责人关注：

1.资料整理的前瞻性。负责人在园本研修方案中规划好每个小阶段研修的核心主题，明晰教师需要提升的关键经验。制作相关表格，在研修前、中、后期进行调研，作为研修资料，充实研修的档案资料。

例如，前期整理时发现相关依据，需要制作表格等材料佐证，用在园本研修的前、中、后期，作为调研、资料留档之用，也可以一直沿用下去。

举例：园本研修的师训方面主要包括教师三年发展规划、教师外出培训、师徒结对等，在指标中都有所涉及。这些资料的收集，可通过每月或每学期教师的笔头工作归档。

2.研修主线的统一性。每学年填报校本研修项目申报书时，规划下一学年校本项目方案的目标主线，进行每月园本研修小主题的方案设计。小主题是总主题的阶段递进，并融合一线老师的实际问题，所以需要不断调研、不断思考，寻找教师现阶段的问题，制定每一次研修方案的目标，并对应实施。

根据项目申报书，制定好每月的园本研修的小主题方向，再根据教师教学教育问题进行调整，每月主题是层层递进、线性发展的。

问题二：如何充实丰富资料？

教研训整合。教科研一体化，教研原是园本研修的子内容，园本研修面向教师发展，教研面向幼儿发展。一点双线，同步进行。一点是研修点，双线是科研线和教研线，二者同步进行，才会事半功倍。利用教研活动，充实校本中缺乏的材料。

研修成效显性化。"布置作业"，每次园本研修要布置作业，对教师研修的成果反馈及时收集。负责人在设计作业时要考虑其与后次研修的关联，与前次研修经验的对比。可以用表格、小海报和便笺夹的形式展现。这不仅是教师的学习效果的展现，也是为下一次研修方向提供参考。作业中能看出一线教师某方面能力的提升，或教育教学中的共性问题、困惑。因此，作业反馈尤其重要。可以采用教师现场记录感悟的形式，趁热打铁，以评促思，这样的资料更鲜活生动。此外，研修时还应有现场研修实录，其真实地反映了现场教师的学习效果与状态。

研修主题延续性。在集中研修后，以年段或组别的方式对教师进行小范围的调研，目的是了解老师对本次研修经验的吸取程度，了解他们的疑惑，等等。看见老师所关心、所困惑的问题，在此基础上进行研修方案的设计，同时做好对前次研修的延续和拓展，提升教师的经验。研修不是一次次跳跃的设计，而是线性的螺旋上升。

我们也总结了一些做好档案积累的几个要点：

锦囊要点：

要点1：在每月园本研修中，积累过程性资料，如照片、纸质档案、新闻、视频等。同时结合不定期的线下小研修，以大、中、小年段，或老、中、青队伍分层开展。凡"研"过必留痕。

要点2：园本研修计划和总结相呼应。例如，在计划中提到研修的某个重点，总结中必然要体现说明。这表明本园重点是否在推进，以及成果的展现等，更凸显研修计划落到实处，收到实效。

要点3：关注纸质档案和电子档案同步整理，并及时匹配对应。

要点4：档案资料整理好后，需要装盒，使用一级封面、二级封面和三级封面进行区分，让资料看起来美观统一。

整理档案小结：

留心积累：档案量大，以月为单位整理归档一次，日积月累，细在平时。

用心收集：吃透指标，想在前面。借力教研，材料互通，及时补充。

细心整理：学会抽样，将研修中资料留存最多、最丰富的作为抽样范本，每一个依据和材料之间对应摆放，便于检查、翻阅。

在繁杂的教学工作中，园本研修档案整理工作不可或缺，学会做个有心的老师，做个会借力的教师，做个会整合的教师。

第六章 履践致远：

"七阶研习法"研修项目的累累硕果

第一节　赋能定向，驱动教师专业发展

——"七阶研习法"定向活动推进的感悟

杭州市舟山路幼儿园星星园区　胡芳玲

从 2019 年至今，杭州市舟山路幼儿园星星园区一直致力于定向活动的开展和研究。作为星星园区的特色活动，定向活动也深受孩子和家长的喜爱和欢迎。但是在开展定向活动的同时，教师也会遇到各种问题，包括教师的定向专业水平、定向活动中的教师策略以及定向活动的拓展等。

因此，在将"七阶研习法"这个模式融入定向活动推进、探究的过程中后，我们发现其拓宽了教师对定向活动的认识。"七阶研习法"模式的使用也使我们对如何更加深入地去创新有了较明确的思路。

一、"看见"问题，提升自我

在定向活动推进的过程中，教师经常只能关注到幼儿在活动中比较表象的问题，不能真正发现问题背后所蕴含的深层含义。同时在发现问题后，教师也不知道该如何去介入，对于介入的方法和时机无法把握。

在使用"七阶研习法"模式后，教师通过互相学习，一步步讨论、一层层研修，会更加具备观察的技能和素养，能够智慧地把握介入时机，关注到幼儿在定向活动中的深度学习，适宜地介入，从而帮助幼儿获得更多定向活动经验，助推定向活动的开展。

二、"拓宽"思路，寻找新意

在最开始开展定向活动时，发现定向活动大多以单一的体育游戏形式开展，如寻宝、草坪魔毯、红蓝 PK 等，缺乏对主题的推进和对幼儿经验的线性梳理。在开展较长时间的定向活动后，又发现定向活动融入主题更多的是表面上的变化，教师组织的形式较相同。在长时间进行变化不大的定向活动后，教师对于定向活动的思维固化，幼儿对定向活动的兴趣降低。

在使用"七阶研习法"模式后，通过现场调研及"哇时刻"研修，教师发现除了对定向活动的类型进行研修探究外，还可深入挖掘定向学习的元素，如路线、地图、任务等更加具体、细节化的内容。幼儿觉得好玩的定向活动才是好活动。此外，在开展定向活动时要关注幼儿学习的深度。通过现场调研和反馈指导，教师能及时获得相关指导建议，使定向活动能持续、深入地推进。

要做一个会反思、能推进的老师。在"七阶研习法"模式的引领下，教师在单独或组织幼儿一同设计定向活动时，都会问问自己这样做之后如何再递进到下一个阶段，组织更加有深度、能持续的定向活动。

第二节　聚焦·递进·进阶

——"七阶研习法"园本研修的收获和感悟

杭州市飞虹路幼儿园　陈星

在以往的园本研修过程中，研修的内容和形式基本都是自上而下的，对于我们一线教师来说，其并没有解决日常工作中的实际问题。例如，幼儿游戏的推进，班级项目活动的实践困惑。因此，"七阶研习法"的园本研修聚焦幼儿园运动游戏，从研修内容和形式上更加贴近一线教师，将遇到的问题分解为阶段性小难点，在助推教师的专业发展的同时推进游戏的质量水平得以提高，也让我切实感受到有效研修给教师带来的认知及实践层面的成长。

一、基于研修体验和观念的更新

在以运动游戏为载体的研修中，在教师亲身体验的过程中互相学习、互助提升、共同成长，基于解决实际问题的研修形式和氛围也让教师提高了参与积极性。"七阶研习法"研修模式也是专业发展循环链，教师在学习、共享、分析中积累专业能力，收获自我研修的成长性体验，进而促进教师的教育观念的更新。

二、基于自身专业成长的思考

"七阶研习法"基于运动游戏"哇时刻"，通过研习性观测——"哇时刻"发现——时机性介入——启发性反馈——精准性指导——实践性拓展——叙事性反思 7 个梯度循环往复，是一个不断推进、螺旋上升的问题解决过程。在这个过程中，观察是教师发现问题、捕捉关键、跟进介入等必要的能力。

因此，在研修中，我们对于"观察"在认知上有更深的认识，学会带着问题去观察和思考，通过观察运动游戏中的关键信息，对观察到的信息进行分析和整合。同时，借助观测量表、"哇时刻"学习故事等载体，我们对运动游戏中的幼儿行为和游戏水平进行更加科学的分析和评价，以便在开展运动游戏后做好精准性指导。

三、基于研修模式拓展应用的展望

在研修中，随着运动游戏的不断推进，我们跟随"七阶研习法"在不断地理解、尝试、研修、改进。我们以运动游戏为载体，学习和实践了"七阶研习法"，助推了本园运动游戏的发展，也初步掌握了这种研修模式。在后续的教育教学中，"七阶研习法"作为一种有效的、较为成熟的研修模式，我们也可以将其运用在日常主题活动过程中。继续内化"七阶研习法"，可促进教师自身专业能力进一步发展。

第三节 环扣七阶，拓师训研修之路
——"七阶研习法"园本研修的收获和感悟

杭州市飞虹路幼儿园 胡磊

作为一名有着 20 多年一线实践经验的幼儿园管理者，我在参与或主持园本研修的过程中，经常会发现这样的问题：许多教师虽然在入职后的新教师培训中进行了很多理论学习，也接触到了很多先进的幼教理念，然而由于初入行业，教学实践经验可以说是极其匮乏，这让教师即使在认知层面有了成长，面对日常教育教学也依然无法落实和应用。

因此，从自身的感觉来说，我能够非常深刻地体会到教师其实并不缺乏"道"的层面的先进教育理念，欠缺的实则是"术"的层面的具体做法。由此可见，帮助新教师贯通"道"与"术"显然是园本研修的"黄金标准"与核心价值。而在"七阶研习法"园本研修中，让我切实感受到了"道"与"术"相互贯通所带来的成长体验，这也让我在研修过程中收获颇多并心生感悟。

一、虚实共生，直面教育现场

在"七阶研习法"模式下，通过研习性观测——"哇时刻"发现——时机性介入——启发性反馈——精准性指导——实践性拓展——叙事性反思的循环链式研修路径，让教师能够从实际教学出发，在具体可感的教学情境中实现"理论"与"实践"共生，从而直面教育现场，开展教学研究。

例如，研修过程中的教学案例研讨、课堂教学、现场操作等，都是贴合教师教学实际的研修途径。就我个人感受而言，因研讨内容来自教学实践，展现的是教育教学的真实水平，其往往会有感而发，教师参与研讨的积极性和主动性也大大提高了,这样不仅可以当面诊断教学实践中教师教育行为的适宜性、有效性,及时解决问题,达到"对症下药"的良好效果,同时还可弥补集中研修时间受限的不足,从而使研修真正落地。

二、同研异构,产生思维碰撞

教师在相对封闭的环境中不利于其专业性成长,而在开放式的共同学习环境中则可以聚集多方面的声音和力量,由异质思想引发共同成长。在"七阶研习法"研修模式下,对于大家认为存在困难、困惑以及问题的教学内容进行"同研异构",在此过程中教师针对同一研修主题进行各自不同的思考或多视角的审视,从而拓展厘清问题的思路。

例如,在"七阶研习法"模式下的"哇时刻"研修活动中,通过现场微调研明确观察思路,解析"哇时刻"出现的"疑问点"和"争议点",厘清观察时的着力点和思路,继而教师将平时教学活动中孩子的"哇时刻"以故事的形式记录下来,相互分享幼儿的行为,揣摩幼儿的需要,研讨相应的跟进策略。在交流中,各种教育智慧产生碰撞,各种思维得到拓展,各种观点产生共鸣,从而有效提升了教师的教研能力。

三、翻转式研修,乐享经验建构

对于研修活动而言,仅仅靠一次次的集中研修助推教师成长,可以说是极其困难,甚至不现实的。如果老师不在集中研修活动前或后进行亲身实践和体验,则会变成被动接受研修信息的工具人,而研修效果往往也会差强人意。为此,"七阶研习法"研修模式中由教师在研修活动前进行自主学习的翻转式研修对于提升研修效果就显得尤为重要。

例如,在"七阶研习法"模式下的"哇时刻"研修活动中,第二阶段运用了"微调研、小组议、巧监测、现场会、亮方法"五个载体,以行为跟进的方式进行内引导、外关联,让教师们在教育教学实践中有经历、有体会、有思考,从而使教师在教学实践中主动建构认知,进而使其研习能力落地生根。

第四节　在观察中发展，在解读中提升

——以大班定向游戏"全速前进"为例

杭州市舟山路幼儿园星星园区　张亚琴

定向活动是本园园本特色，由于使用的材料不同、游戏的玩法不同、幼儿的已有经验不同等因素，其会表现出不同的特点和形式。在不同的活动中幼儿表现出的问题也是不同的。教师在指导定向活动中，如果不懂得如何观察幼儿，就无法深入了解幼儿在定向活动中的兴趣需要和能力水平，从而无法很好地指导幼儿进行定向活动。因此，理解定向活动、理解幼儿的游戏水平、学会观察、倾听幼儿应该成为教师的必修课。根据"七阶研习法"中的"精准性观察"，教师能了解幼儿的兴趣需要、认知水平、个体差异等，捕捉幼儿在游戏中出现的兴趣点和矛盾点，以进行适时、适度的指导，支持游戏进展。

一、观察的意义

观察是教师了解真实的儿童、建构儿童观的关键，也是建构教育观的基础。借助观察，我们发现孩子喜欢的户外环境是：自然的、开放的；丰富的、多样的；自由的、可变的；安全的、有挑战性的。观察，让教师的支持更适宜、更有针对性。根据观察确定介入指导的必要性，根据观察确定指导的时机，根据观察确定指导的方式方法，根据观察分析评判指导的适宜性。观察是实现教师专业成长的重要路径。准确了解儿童发展水平是教师适时有效教育的基础。针对儿童发展水平进行适宜有效的教育是教师专业能力的核心。

二、发现"哇时刻"

（一）事件描述

在定向游戏中，涵涵选择和楷楷一组游戏，涵涵很快就画好了地图，然后耐心地等待楷楷，不一会儿出发了，但是在"起点"打卡的时候没有听到嘀嘀声，于是涵涵慢慢挪动脚步走过来说："老师，那个打卡器好像没有开机。"老师走过去查看并开机，随后鼓励道："涵涵，你真棒，你的细心挽救了整个游戏。"涵涵腼腆地一笑，和楷楷一起出发了，在游戏的过程中，涵涵认真地看着地图，并非常准确地找到相应的点标，发现两人的地图是不一样的路线，这就导致他们需要花费玩两张地图的时间，但是涵涵并没有觉得累，而是乐此不疲地和楷楷进行游戏，你打一个点标、我打一个点标地继续游戏，在躲避猎人的时候也非常勇敢。

（二）深度解读

涵涵喜欢和楷楷游戏，两个人平时也是最要好的。游戏开始时，其他人打了卡就出发了，但涵涵细心地发现打卡器没有开机，挽救了整个比赛。在游戏当中涵涵等待伙伴的行为，体现出他有足够的耐心。即使面对两张不一样的地图，他也不会与伙伴分开，而是想办法权衡两人游戏，并积极地陪伴好朋友，一起躲避猎人的追击。

（三）支持策略

教师在整个游戏过程中及时鼓励涵涵，用拍照的形式记录下他在游戏当中快乐的笑容，鼓励他自信地微笑，表达自己的情绪。支持幼儿自主游戏，解决游戏当中遇到的问题，事后建议涵涵再次参加小组游戏时可以画相同的地图，以节省游戏时间。

（四）经验提升

在地图设计的过程中，两人没有考虑到要画相同地图的事情，导致游戏时间延长，这也为下次游戏作了铺垫，有了这次的经验，相信两人会更加懂得在小组游戏中如何合作。在下次游戏时，可以将检查打卡器的任务交给涵涵，增加涵涵参与游戏的成就感和自信心。

三、反思评估

在定向游戏案例中，幼儿自由选择单人或者小组合作的形式，由于有了多次的游戏经验，所以老师没有过多地强调细节问题，导致两人浪费游戏时间的情况出现，这是一个细节的疏忽，应注重个别幼儿的游戏状态，多观察、引导。同时在游戏当中也应意识到，内向的孩子也有自己擅长的一面，例如涵涵的细心，这是平时鲜少发现的，老师要及时地捕捉并引导，提升幼儿的自信心。教师要抓住孩子的独特行为，了解孩子在游戏中的情感态度、注意力、社会性和兴趣各方面的发展倾向。教师要关注每个孩子不同的发展倾向，帮助他们树立自信心，激发孩子参与定向游戏的欲望和主动性。教师以定向游戏为载体，观察、了解孩子。游戏中，孩子会有自己的思考和探究，教师要追随每个孩子经验发展的轨迹，挖掘其兴趣点，让孩子饶有兴趣地来主动探索。

第五节　玩转投掷　乐享运动

——基于"加减融合模式"下的"新投掷游戏"的实践探索

杭州市舟山路幼儿园新昌路园区　陈晗琦

　　摘　要：投掷是锻炼幼儿上肢力量的一项运动技能，传统投掷游戏在幼儿园开展时存在形式单一和规则化练习等现象，呈现出幼儿参与兴趣不高、参与度不广等问题，到投掷游戏后期往往无人问津，因而也鲜有教师主动探究幼儿投掷游戏，投掷游戏似乎成为幼儿运动游戏中的"鸡肋"。本文尝试从"做加法"（添元素、拓空间、延区域、变路径）和"做减法"（舍内容、分人流、去烦琐、巧聚焦）入手，通过加减融合，试图给孩子打造出一个全新的投掷游戏，让孩子充分享受到投掷游戏所带来的运动乐趣，促进运动习惯养成，同时也让老师在对"新投掷游戏"的践行中收获专业能力的发展与提升。

　　关键词："新投掷游戏"加减融合

一、对传统投掷游戏的问题思考

　　在传统投掷游戏中，场地一般设在室外，投掷材料普遍以小沙包和报纸球居多。老师通常把投掷材料往场地上一放，画好投掷线或拉上一根长绳子作为投掷距离的范围，再增加一两个小动物形象，幼儿就开始投掷游戏。大家排好队，分几排站立等候，逐一进行投掷练习，一般此类活动安排在体育游戏时居多，投掷游戏的价值体现似乎可有可无，幼儿在游戏中只是停留在投掷的某种练习阶段而已。久而久之，对于投掷游戏，孩子慢慢失去了最初积极参与的热情。

镜头一：索然无味的投掷游戏

开展投掷游戏时，孩子们按照老师的要求，手拿小沙包或者报纸球，逐个往远处扔，大家比一比，看谁扔得远，一次一次周而复始地重复着游戏。

镜头二：整齐划一的投掷游戏

老师在场地上放置若干个大小不同、远近不同的筐子，孩子们在起点线后把手中的报纸球扔进筐里，大家排队轮流投掷，一直进行了20分钟左右。

镜头三：无人问津的投掷游戏

教室内挂了飞镖投掷游戏材料，刚开始孩子们比较有积极性，会自己往靶心处投掷小飞镖，但是之后飞镖就沦为摆设，无人问津了。

我们看到在以上镜头中的投掷游戏里，老师事先都预设好了材料和方法，让孩子反复练习投掷。单一的游戏玩法让孩子在参与投掷游戏时存在一定的"标准化"和"程序化"，投掷游戏显得索然无味。那么仔细思考，为什么投掷游戏会被冷落呢？为什么投掷游戏会失去魅力呢？

1.材料单一，玩法固定

对于幼儿而言，在传统投掷游戏中只能选择报纸球或是沙包来进行投掷，玩法也相对固定：拿取投掷材料——投掷练习——捡回投掷材料——继续练习，周而复始，机械的单纯动作练习让幼儿失去了对投掷游戏的热情，到了一定游戏时间后，对于投掷的积极性就会大打折扣。

2.空间局限，内容窄化

传统投掷游戏一般都是在室外进行，场地设置单一。孩子在教师设定好的范围和空间内进行投掷练习。教师在游戏中从方便管理的角度考虑组织游戏，因此在一日活动中幼儿主动探索投掷游戏的情况非常少见。

3.情境老套，推进受限

传统投掷游戏中，游戏内容一般都是"打怪兽""看谁投得远"之类，一段时间后孩子对同一情节的游戏内容会产生疲倦。投掷游戏的情境总停滞在一个阶段，无法推进游戏进程，孩子会不再热衷于投掷游戏。

二、"新投掷游戏"的设计理念与实施框架

（一）设计理念

通过"新投掷游戏"的设计实施，让幼儿主动参与体育运动锻炼，促进体能发展，有效增强体质，激发他们对投掷游戏的参与积极性。

1. 内容多元，融入生活

"新投掷游戏"不再只专属于体育游戏，或是体育集体教学活动的范畴，它可以融入一日生活的零散时间，让孩子们随时能玩、随时可玩、随时乐意玩。

2. 空间延展，持续兴趣

"新投掷游戏"在空间、材料等方面做到最大化延展和可变，让投掷游戏的玩法更多元，材料更多样，激发孩子在投掷游戏中自主锻炼、自主选择、自主发现。

3. 时间适宜，自主参与

开展"新投掷游戏"的最终目的不是测量比较投掷的远近距离，而是在整个投掷游戏中，着重激发孩子主动参与游戏、积极体验游戏的兴趣。

（二）实施框架

我们设想通过做"加法"和做"减法"两大板块来打造"新投掷游戏"：加法——投掷游戏的设计，主要从投掷游戏的元素添补、空间拓展、区域延伸、路径改变等四个方面进行递增设计；减法——投掷游戏的策略，主要从投掷游戏的内容取舍、人流分配、精简场地、重点聚焦等四个方面进行递减实践。具体实践框架图如下图6-5-1所示：

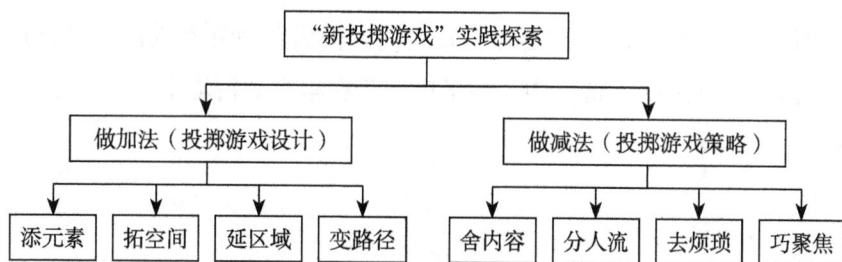

图 6-5-1　"新投掷游戏"实践探索

三、加减融合模式下的"新投掷游戏"变身之旅

（一）做"加法"——为投掷游戏加"料"、搭建多元支架

分别从添元素、拓空间、延区域、变路径四个方面进行增设与改变，让投掷游戏充满趣味性和可变性。

1. 添元素——由"单一封闭"——➤"多样渗透"

在投掷游戏中巧妙增加整合各类"元素"——扩展游戏情境、拓宽游戏材料、增设游戏角色，呈现投掷游戏的多样"元素"，把投掷游戏的单一种类扩大到多样渗透，让多种"元素"与投掷游戏相融。

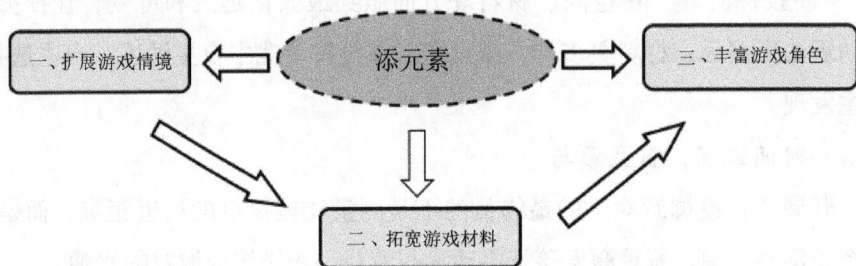

图 6-5-2　让多种"元素"与投掷游戏相融

①扩展游戏情境——深入挖掘、巧妙融入

在"新投掷游戏"中设计各类游戏情境，让孩子在充满趣味与挑战的游戏情境中主动参与游戏，积极互动，激发参与热情。

◎ 案例："巧设"趣情境"

为了让孩子们增加对投掷游戏的兴趣，并且能随时随地地玩一玩投掷游戏，我们巧设趣味情境，在走廊、教室内、楼梯转角处都创设了投掷情境，让投掷游戏自然地融入情境中，孩子更乐于在丰富的情境中体验、参与投掷游戏。

图 6-5-3　在楼梯转角处投掷"毛毛虫"　图 6-5-4　教室内高低错落的投掷"网袋"

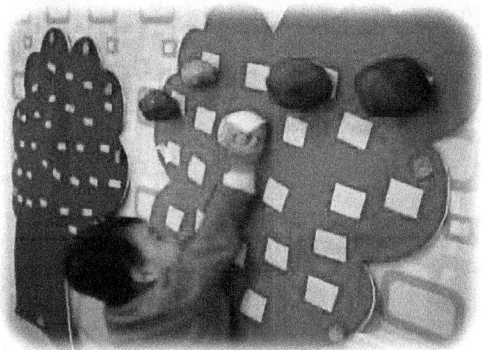

图 6-5-5　走廊墙上"丰收的果园"

②拓宽游戏材料——添加组合、归类丰富

拓宽传统投掷游戏材料种类，不局限于小沙包、报纸球，挖掘各类可用于投掷游戏的材料，并把同一种类材料进行组合和统整，通过添加不同材质的投掷材料丰富游戏内容。

◎ 案例：妙改"原材料"

材料在投掷游戏中起到决定性的作用，传统的投掷游戏材料单一，我们为孩子提供各种低结构的投掷材料，不再只限制于某种材料，而是让孩子自由组合、自主设计，用不同的方式把材料渗透入"新投掷游戏"中。

表6-5-1 改变前的材料特点、玩法和效果

材料改变前			
内容	特点	玩法	效果
报纸球	用废旧报纸自制，大小相同，规格相同。	教师预先做好报纸球，幼儿自主参与，选择余地很小。	内容单一造成玩法也单一，幼儿游戏时容易兴趣疲劳。
海绵球	现成购买，轻巧好拿，但是属于同一种类型，品种单一，规格一致。	和报纸球的玩法雷同，只是分量和体积上略微轻与小。	玩法单一，一般都是手拿投掷游戏。
其他类材料：凳子	作为投掷的距离设置使用。	摆放在一定的距离处，供幼儿投掷时作为远近的衡量标准。	材料作用单一，只是体现在距离上。

③丰富游戏角色——融入生活、变化多样

表6-5-2 改变后的材料玩法和效果

材料改变后		
内容	玩法	效果
各种彩色纸张	彩色纸包裹大小不一的纸球。	有挑战性、大大激发参与兴趣。
旧丝袜、报纸	用丝袜包裹报纸球，组合成弹力球。	丝袜弹力球加大游戏难度和广度，让投掷更有趣味。
彩色魔术贴、袖套、帽子	将魔术贴贴在袖套和帽子上。	游戏变得丰富有趣，手套魔术贴袖套，头戴魔术贴小帽，趣味投掷开始啦。
新增其他类材料：体操垫、纸箱、鞋盒……	用体操垫、鞋盒可以拼搭出游戏中的投掷情境。	非常好玩，体操垫成了投掷小山坡，纸箱成了投掷小迷宫。

创意设计"新投掷游戏"中的各类角色，把角色意识融入游戏和生活中，让孩子们在角色体验中积极地参与投掷游戏。

◎ 案例：乐享"多角色"

在"新投掷游戏"中，根据孩子的兴趣和班级主题，融入多种游戏角色，让角色伴随游戏始终。比如，游戏中，幼儿分为红、蓝两队打仗，又如"森林探险家"的游戏中，幼儿身穿探险背心穿梭于"投掷雨林"中，还有在"小小快递员"游戏中，快递员的任务角色让孩子更加乐于参与投掷游戏。

图 6-5-6　红、蓝两队大作战

图 6-5-7　"森林探险家"投球

图 6-5-8　"虫虫突击队"打怪兽

图 6-5-9　"小小快递员"游戏

2. 拓空间——由"限定空间" ➡️ "多个范围"

改变原本的空间概念，扩展游戏空间，使之最大化，让幼儿在多个游戏范围和场所内都可以自主探索投掷游戏，小角落、走廊边、教室内、楼梯拐角处均可成为趣味投掷场。

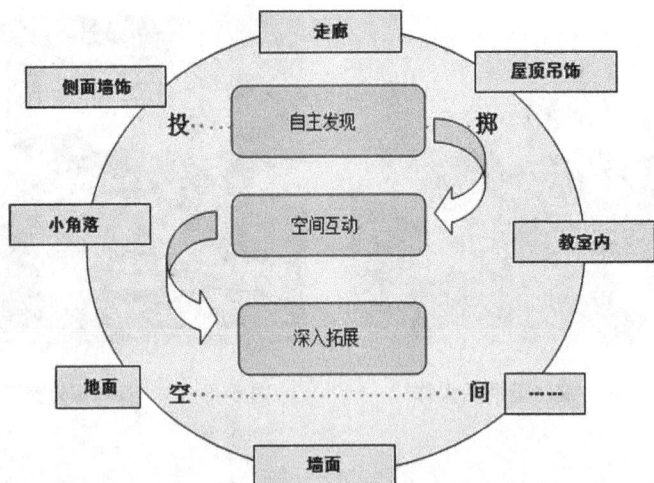

图 6-5-10　拓空间

◎ 案例：挖掘多元投掷空间

一个大纸箱，我们把它打造成移动式投掷小车厢，孩子在车厢内可以自由进行投掷游戏。利用教室进门处的空隙，制作悬挂用于投掷的小树林，激发孩子跳一跳、投一投的欲望，在教室内的空间里悬挂不同大小的投掷袋，还可以充分利用走廊地面来铺设投掷平面小屋，让孩子在多维的空间内享受投掷游戏，想玩就玩。

图 6-5-11　随时可玩的移动投掷箱设置
　　　　　 在进门处的"投掷小树林"里

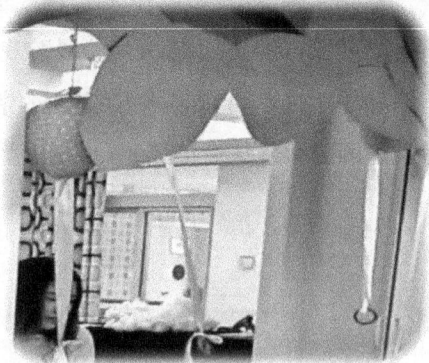

图 6-5-12　教师布置"投掷小树林"

图 6-5-13　走廊地面的投掷小屋

3. 延区域——由"单纯练习"——➡"链接区域"

投掷原本作为一种动作技能练习，一般在体育活动或体育游戏中开展。孩子对投掷的概念基本停留在动作练习层面上，"新投掷游戏"把投掷延伸入孩子熟悉的区域游戏和日常生活中，将一些元素添加到投掷游戏里，让投掷游戏、区域游戏以及生活活动无缝链接，突破了单调性，提升了趣味性。

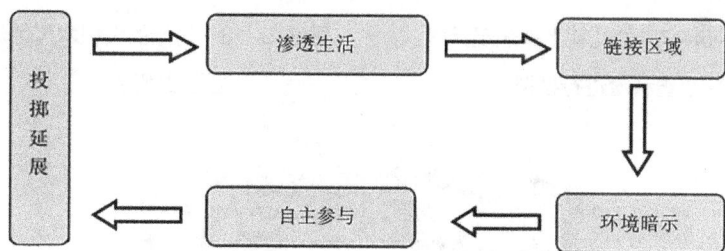

图 6-5-14　投掷延展

◎ 案例：链接"多彩区域"

在幼儿园一日生活中，处处皆游戏，很多区域或是生活中的小环节都可以让孩子来玩一玩投掷小游戏，比如在建构区的大纸箱内，彩色小球就可供孩子在想玩时练习投掷，又如孩子背起收放材料的小塑料筐当作投掷小背篓，也非常有创意。

图 6-5-15　在纸箱迷宫里投掷

图 6-5-16　美工区自制纸飞机投进呼啦圈

图 6-5-17　幼儿背上整理玩具的
小塑料筐进行投掷

图 6-5-18　门厅的大积木可供幼儿
进行投掷游戏

图 6-5-19　将生活中的废纸板自制成投掷抛接器

4. 变路径—— 由"统一标配" ⟶ "可变路线"

以往的投掷都是一种路线、一种玩法，以前投掷似乎是唯一的玩法和标准，投掷路径比较单一。在"新投掷游戏"中，我们尝试开展"路径变化"，让投掷的路线丰富多变，幼儿参与其中，也乐此不疲。

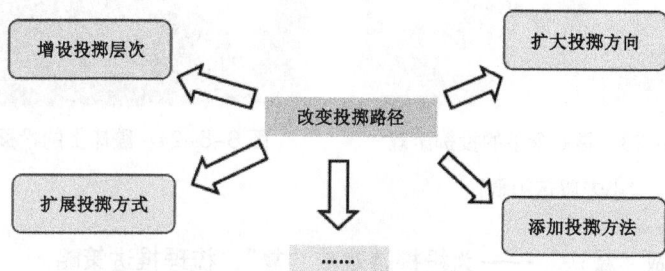

图 6-5-20 改变投掷路径

◎ 案例：创意"多重路径"

在"新投掷游戏"中，改变单一的同方向投掷玩法，把丰富多样的互动性投掷内容补充和渗透进去，比如幼儿两人互动式的投掷、多人合作式的投掷、集体游戏中的投掷，多重投掷路径的设计和开发让孩子们充分享受到游戏的乐趣。

图 6-5-21 两人互动式投掷游戏
"桶桶大决战"

图 6-5-22 多人互动投掷游戏
"母鸡下蛋"

图 6-5-23　彩虹伞下的投掷游戏
"小老鼠运粮食"

图 6-5-24　蹦床上的投掷乐园

（二）做"减法"——为投掷游戏减"复"、梳理推进策略

传统投掷游戏中孩子们的兴趣难以持续，热闹的游戏往往在后期无人问津，而"新投掷游戏"基于孩子的年龄特点和兴趣，从舍内容、分人流、去烦琐、巧聚焦四个方面巧妙地"做减法"，让孩子们参与投掷游戏的兴趣始终如一。

1. 舍内容——由"教师设定"——→ "幼儿取舍"

教师在孩子进行投掷游戏时细致观察，减去一定的预先设定的游戏内容，跟进孩子的需求和兴趣，让他们自己来取舍喜欢的投掷游戏情境、内容、角色，让投掷游戏真正为孩子们所喜爱、所创造、所坚持。

◎ 案例：海底小纵队

最近孩子特别爱看动画片《海底小纵队》，"海底报告！海底报告！"孩子整天喊得乐不可支，于是基于孩子的兴趣和动画片内容，我们与孩子协商，减去原有的投掷种类，重新设计了精简版的"海底小纵队"投掷游戏，把孩子喜欢的《海底小纵队》情境融入其中，孩子自主研发游戏情境，自己设计游戏内容，趣味十足。

图 6-5-25　"海底小纵队"之喂食大海怪　图 6-5-26　"海底小纵队"之跳跳投投箱

图 6-5-27　"海底小纵队"之投掷海草坡　图 6-5-28　"海底小纵队"之海底喂食小屋

2. 分人流——由"依次排队"——→"灵活分组"

传统投掷游戏中，幼儿整齐划一地练习投掷项目，游戏的等待时间往往较长，因此孩子可能因为消极等待和重复动作而对投掷失去兴趣，在"新投掷游戏"中，我们减去了长长的人流数量以及较长的等待时间，让参与投掷游戏的小组进行互动。

◎ 案例：纸板箱里的"变变变"

在投掷游戏"纸箱变变变"中，我们最开始投放的是同一规格的纸箱，幼儿往一个方向进行投掷游戏，幼儿虽然很喜欢往高高的纸箱内投掷，但是由于等待时间较长，造成无法快速地循环游戏。经过仔细观察和考虑，我们以缩减幼儿等待时间为抓手，把纸箱投掷游戏重新进行设计，把游戏变为"纸箱变变变"投掷迷宫。迷宫中高低不同的入口以及不同方向的投掷面，让每个孩子都能同时自主选择参与，难易程度还可随时调整，此游戏深受孩子喜爱。

图 6-5-29　各类不同高低的纸箱组成　　　图 6-5-30　纸箱内剪开洞供幼儿
　　　　　　"投掷小迷宫"供幼儿游戏　　　　　　　　　在迷宫中穿梭

3. 去烦琐——由"烦琐准备" —————→ "随时可用"

传统投掷游戏中，老师们总忙于准备各类投掷材料而让幼儿等待较长时间，"新投掷游戏"中，我们减去了烦琐的材料准备环节，删除不便利的复杂材料，让所有材料随处可拿、随处可放，凸显了材料的便捷和可操作性。

◎ 案例：随处可玩的投掷区

我们一改以往投掷游戏准备烦琐等现状，设计随处可玩、随时能玩的投掷区域，让孩子们跳一跳时能投掷、走一走时能投掷、玩一玩时能投掷，把投掷游戏的准备工作融入日常的区域游戏生活中，简化了投掷游戏的各项准备工作，把更多的时间留给孩子们游戏。

图 6-5-31　妙用走廊顶部网袋设计"玩投掷"　图 6-5-32　教室门头处的投掷小果园

图 6-5-33 午睡室上空悬挂的海洋小波浪投掷区

4. 巧聚焦——由"面面俱到"——→"聚焦一角"

传统投掷游戏中，教师往往会关注整个游戏的进程，而忽略游戏细节和游戏指导。在"新投掷游戏"中，我们主张孩子自主参与，从而解放教师的双手，让教师在孩子的投掷游戏中能聚焦观察到游戏的某一方面，并有针对性地提出推进策略，从而让投掷游戏的开展更加深入有效。

◎ 案例：魔术贴大变身

在几次投掷游戏中，我们通过聚焦一角观察到传统投掷游戏中，孩子投掷时存在材料不易固定以及取放不便利等问题，而魔术贴是幼儿园区域活动中经常使用的一种材料。在仔细考虑和细致推敲后，我们把两者相结合，巧用魔术贴设计了新投掷材料，请孩子收集自己的旧帽子、旧袖套、旧手套若干，把魔术贴缝制于这些物品上面，完成了魔术贴"大变身"。将这一批投掷材料投放到区域中，可供孩子们随时选择、自行取戴，达到在任何空间孩子都可以和同伴一起玩互动式的投掷游戏的目的。

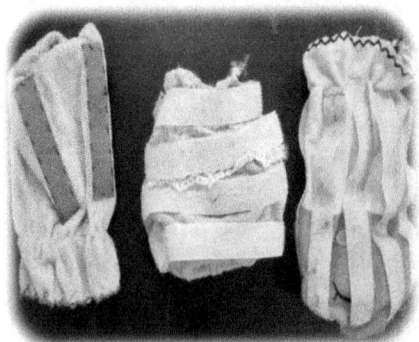

图 6-5-34　在幼儿的袖套、手套
上面缝制魔术贴

图 6-5-35　在幼儿的帽子
上面缝制魔术贴

图 6-5-36　孩子们自行拿取魔术贴道具
进行投掷游戏

图 6-5-37　孩子们用魔术贴道具
在网兜处进行投掷游戏

四、"新投掷游戏"成效与思考

（一）"投"其所好——有效促进幼儿投掷能力发展

1.从"索然无味"到"兴致盎然"

在"新投掷游戏"中，幼儿自主选择、自主参与、自主创新，充分享受着投掷游戏带来的乐趣，投掷游戏再也不像之前那样呆板和单调，游戏的乐趣更加融入生活，也更加让孩子们积极融入其中。

图 6-5-38　幼儿进行投掷游戏

图 6-5-39　幼儿给墙面上的"大海怪""喂食"

图 6-5-40　幼儿在蹦床上投掷

"快点儿，快点儿，小熊的肚子饿了，我们快点儿给它'喂苹果'吃吧！"

图 6-5-41　幼儿给小熊"喂苹果"

2. 从"三分钟热度"到"全身心投入"

孩子在"新投掷游戏"中，能仔细观察投掷的方向，尝试多种投掷方法，并对投掷游戏长久关注，始终保持兴趣，从之前的"三分钟热度"到现在的"全身心投入"，有了非常大的改变。"新投掷游戏"让孩子们真正喜欢上了投掷，把投掷这个运动技能项目转化成了一个有趣的综合性游戏。

"雨林探险"投掷游戏中，一个女孩说："要下雨了，我们再运点儿粮食吧，雨林里到处都是陷阱，要小心投掷。"

图 6-5-42　幼儿参与"雨林探险"投掷游戏

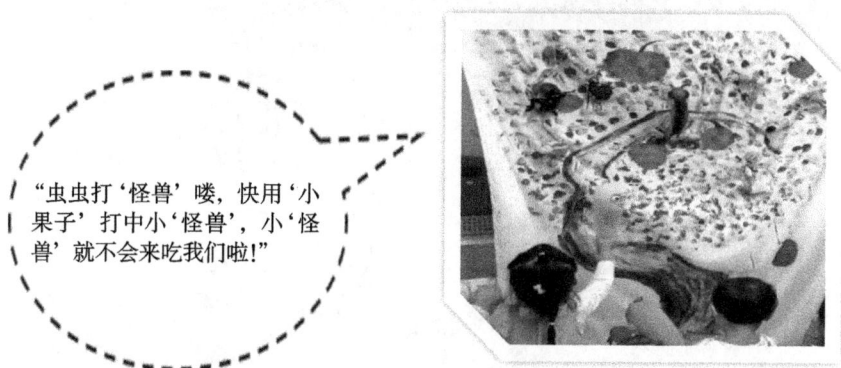

"虫虫打'怪兽'喽，快用'小果子'打中小'怪兽'，小'怪兽'就不会来吃我们啦！"

图 6-5-43　幼儿用"小果子"打"怪兽"

从移动纸箱到移动投掷帽——幼儿充分体验投掷游戏

图 6-5-44　幼儿戴着移动投掷帽参与游戏

（二）"研"其所好——有效促进教师专业能力发展

1. 提升了教师设计和指导投掷游戏的能力

在"新投掷游戏"的实践探索中，教师对幼儿的投掷能力进行了深入的调查与了解，并在此基础上进行了重新建构与规划，在拟定游戏内容、设定目标、提供材料、指导策略跟进上都获得了进一步提升。一次次的调整与梳理，让老师对投掷游戏的整体设计与实践更加明晰，对游戏的指导能力也获得相应提高。

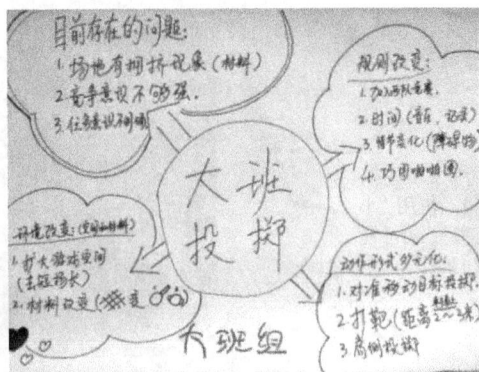

图 6-5-45　教师对投掷游戏进行调整、研讨

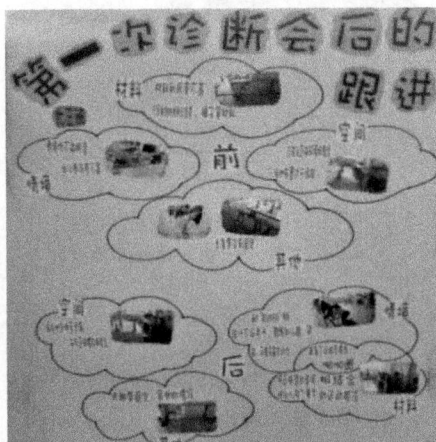

图 6-5-46　教师在第一次
诊断会后的跟进

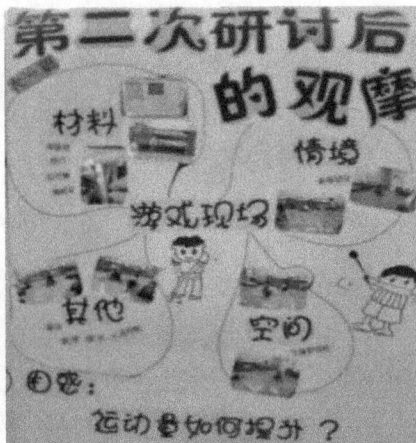

图 6-5-47　教师在第二次研讨会
后的观摩

2. 提升了教师对幼儿运动素养的认识

在一次次设计和跟进调整"新投掷游戏"中，也提升了教师对幼儿运动素养的认识，明确了投掷作为幼儿运动项目之一对幼儿身心健康发展起到重要作用。在锻炼提升幼儿上肢力量的层面上，投掷游戏起到了至关重要的作用，同时在现场观摩和互动研讨中，教师通过跟进、调整、实践，把投掷游戏设计得更为合理化、自主化、整合化，教师的专业能力也得到了提升。

图 6-5-48 师幼一起参与投掷游戏　　图 6-5-49 现场观摩、各抒己见

五、对"新投掷游戏"的展望

"新投掷游戏"的实践对探索幼儿上肢力量的有效锻炼起到了非常重要的作用。在实践"新投掷游戏"中，教师利用各项资源，使幼儿在投掷游戏中更为主动、积极，初步形成了独具特色的运动类游戏实践模式，丰富了健康领域的教学资源，有效促进了幼儿的运动习惯养成，激发了他们的运动兴趣，同时也开拓了教师的视野，提升了教师对于运动类游戏的组织能力和指导能力。后续幼儿园将实践"新投掷游戏"的成功案例延伸到其他运动类游戏中，以发展提升幼儿综合运动能力和素养。

参考文献

［1］刘月霞.追根溯源:"教研"源于中国本土实践 [J].华东师范大学学报(教育科学版),2021.

［2］教育部基础教育司.《幼儿园教育指导纲要(试行)》解读 [M].南京:江苏教育出版社,2002.

［3］陈飞飞.把握运动量促进幼儿体育发展 [J].教师,2012(10):123–123.

［4］闫高亮.一种运动传感器和采集运动量的装置:CN106943735A[P].2017.

［5］宋淑芝.运动负荷"有效价值阈"的探讨 [J].河北大学学报(自然科学版),1986(2):97–104.

［6］刘晋斌.自我感觉与数据分析 [J].科学启蒙教育,1986(05):14–15.

［7］翁莎莎.注重多方资源整合关注幼儿运动发展 [J].当代幼教,2014(4).

［8］林英禄.运动数据的实时监测与健康评价模型的研究 [D].上海:华东师范大学,2015.

［9］黄意蓉.幼儿体育活动强度评价量表的设计与应用 [D].北京:北京体育大学,2013.

［10］教育部印发《3—6 岁儿童学习与发展指南》[J].福建教育:学前教育,2012(12):40.

［11］李瑛.教师在幼儿游戏中有效观察的策略 [J].早期教育(教师版),2016(01):14–15.

［12］熊方玲.全主体园本趣研:让教师自成长真正发生 [J].早期教育(教育科研),2020(04):32–35.

［13］中国教育科学研究院早期教育研究中心.幼儿园体育游戏与体操 [M].北京:

教育科学出版社,2015.

[14]关欣.68个超好玩的体育游戏[M].北京:北京理工大学出版社,2014.

[15]盖伊·格朗兰德.发展适宜性游戏:引导幼儿向更高水平发展[M].严冷,译.北京:北京师范大学出版社,2014.

[16]郭丽璟,王英英.从特色走向文化[M].浙江:浙江大学出版社,2015.

[17]陈亚军.浅析幼儿园户外自主游戏中教师的有效指导[J].神州,2021(10):202-203.

[18]齐学勤.保护和支持幼儿自主游戏的方法[J].幸福家庭,2013.